Fliegen lernen

Susanne Niemeyer

Engelsgeschichten
aus der Bibel

Mit Illustrationen von Ariane Camus

edition chrismon

*Ich schicke einen Engel vor euch her,
der euch auf dem Weg bewahrt
und an den Ort bringt,
den ich für euch bestimmt habe.*
NACH 2. MOSE 23, 20

»Es ist genug«, sagt dieser Kerl, der seit Tagen auf meiner Fensterbank sitzt und behauptet, er sei ein Engel. »Es ist genug«, sagt er und nickt mir aufmunternd zu. Ich weiß nicht, woher er das weiß, aber er sagt es zu allem: Zu einem Text, mit dem ich hadere. Zu einem Geburtstagsbuffet, das nicht reichen könnte. Zu meinen Kontoauszügen. Zu meiner Sorge, keinen Schlaf zu bekommen und unausstehlich zu sein. Zu all den halbfertigen Sachen, dem bisschen Klavierspiel, den sporadischen Gebeten in der Nacht. Er sagt es zu meinem regelmäßig auftauchenden schlechten Gewissen. Zu meiner bangen Frage, ob ich nicht alles hätte ganz anders machen sollen. »Es ist genug.«
Das merkwürdige ist, immer passt dieser Satz. Wollte ich ihn anfangs noch anfahren, dass er das doch gar nicht wissen könne, wurde ich mit der Zeit immer ruhiger, ja, ich erwartete seine helle Stimme. »Es ist genug.«
Und eines Morgens antworte ich, selbstvergessen und ohne nachzudenken sagte ich »Amen.« So soll es sein.

INHALT

  9 | *Der Engel, der ein Superman-T-Shirt trägt*
15 | *Der Engel, der Busfahrerin werden wollte*
21 | *Der Engel, der den Weg weist*
28 | *Der Engel, der eine Lilie bringt*
35 | *Der Engel, der in ein Kinderherz passt*
41 | *Der Engel, der umwirft*
49 | *Der Engel, der das Feuer entfacht*
56 | *Die Engel, die erden*
63 | *Der Engel, der eine Narbe hat (und nicht nur eine)*
69 | *Der Engel, der alberne Schuhe trägt*
76 | *Der Engel, der das Licht anzündet*
81 | *Der Engel, der befreit*
88 | *Der Engel, der Gott erlöst*
93 | *Der Engel, der die Jungs in der Hirtenklause besucht*
100 | *Der Engel, der sich in den Weg stellt*
107 | *Der Engel, der es mit Ungeheuern aufnimmt*
114 | *Der Engel, der hinüberträgt*
119 | *Der Engel, der an der Tür klingelt*
126 | *Gott der Engel*

Der Engel, der ein Superman-T-Shirt trägt

Als ich dem Engel zum ersten Mal begegne, trägt er ein Superman-T-Shirt. Sicherheitshalber frage ich, ob er wirklich ein Engel ist.

»Klar«, sagt er. »Was denkst du denn?«

»Weiß nicht.« Ich deute auf sein T-Shirt. »Ist das nicht irgendwie … komisch?«

»Nö, wieso denn? Ich finde es ziemlich cool!«

Ich finde, ein Engel sollte sich nicht cool finden. Das passt nicht in mein Glaubenskonzept.

»Ha!«, ruft der Engel. »Daher weht also der Wind!«

Fliegen lernen

Offenbar kann er meine Gedanken lesen. Er sieht mich abschätzend an. Dann sagt er: »Also, ich habe mir dich auch ganz anders vorgestellt. Warum trägst du denn so ein verwaschenes Kapuzen-Dings? Hast du keine Bluse?«

»Warum sollte ich eine Bluse tragen?«

»Sieht hübscher aus.«

Ich ziehe scharf die Luft ein. Das gibt ein zischendes Geräusch. Wie kann er es wagen, etwas über mein Aussehen zu sagen?

»Tust du doch auch.«

Eins zu null für ihn. Ich suche aus den Ostereiern eins mit Blätterkrokant raus und knibbele das Silberpapier ab.

»Auch eins?«

»Nein danke. Ich muss auf meine Linie achten.« Als er meinen entsetzten Blick sieht, prustet er los. »Haha, war doch nur Spaß! Mensch, bist du streng! Bist du immer so?«

»Ich nahm an, dass die Begegnung mit einem Engel etwas substanzieller ist.« Ich klinge beleidigter als ich will. Aber wenn ich schon einen Engel treffe, dann kann der doch wohl wenigstens weiß gekleidet sein. Leuchtend oder irgendwie ätherisch, in den Tiefen meiner Seele lesend. Der Engel kichert schon wieder: »Man braucht nicht ätherisch zu sein, um in dir zu lesen. Jetzt zum Beispiel ist deine Seele gerade eingeschnappt, weil ich nicht mit ihren Bilder von mir übereinstimme. Ooooch … arme Seele!«

Ich tue so, als hätte ich auf meiner Hose einen Fleck entdeckt und reibe angestrengt darauf herum.

»Was willst du überhaupt?«, nuschele ich, schokoladelutschend.

»Es ist Ostern, schon vergessen?«

»Und?«

»Ich dachte, ich erzähle dir, wie das damals mit der Auferstehung war.« Er hat die Daumen in die Gürtelschlaufen seiner Jeans eingehakt und wippt auf den Zehenspitzen auf und ab. Er sieht aus wie ein Möchtegern-Cowboy.

»Schließlich«, fährt er fort und zwar sichtlich stolz, »war ich ja dabei!«

»Ach.« Ich höre auf, an meiner Hose zu reiben. »Das ist ja interessant.«

»Ja, nicht?« Er strahlt, als sei er der Auferstandene persönlich. »Bist du bereit?«

»Bereit?«, echoe ich. »Wozu?«

»Na, bereit zum Hören!«

Ich nicke. Was bleibt mir auch anderes übrig?

Die Geschichte von der Auferstehung finde ich, vorsichtig gesagt, unausgereift. Schon immer. Sie ist genauso eine unbegründete Behauptung wie: Jesus ist unser Retter. Oder: Jesus ist für dich gestorben. Jeder normale Mensch würde doch fragen: Hä? Wieso? Was meinst du damit? Christen tun das wahrscheinlich aus Höflichkeit nicht. Dabei hat so ein leeres Grab doch etwas von einer Zaubervorstellung. Schwupps, ist das Häschen verschwunden. Und schwupps, holt es der Zauberer aus

Fliegen lernen

dem Hut. Das ist natürlich ein bisschen despektierlich, aber im Kern trifft es die Sache schon.

»Gut«, sage ich. »Ich bin bereit. Fang an.«

»Aaaalso«, beginnt er und reibt sich die Hände. Seine Augen glänzen. »Die Nacht liegt dunkel über dem Grab. Der Mond ist hinter den Wolken verschwunden. Ein Käuzchen ruft. Schuhu, schuhu. Ein riesiger Stein ist vor das Grab gewälzt. Zwei Wächter mit mächtigen Schwertern stehen davor. Da – ein Blitz zerreißt den Himmel.«

Ich zucke zusammen, als er auf den Tisch haut. »Erschrick mich doch nicht so!«

»Psst! Grollen durchbricht die Stille. Die Erde beginnt zu beben. Da erscheine – ich!«

Er schaut, als warte er auf Applaus.

»Mein Gewand ist weiß wie Schnee. Die Wachen erbeben vor Furcht und fallen wie tot zu Boden. Plötzlich treten zwei Frauen aus der Dunkelheit. Sie sehen mich, sie erschrecken, als sei ich ein Geist. Aber ich rufe: ›Fürchtet euch nicht! Ich weiß, wen ihr sucht.‹ Sie nicken entsetzt. So etwas sind auch sie nicht gewohnt. Aber wer ist das schon? Der ganz große Auftritt, den hat man nur einmal im Leben, selbst als Engel. Ich schreite zum Grab, den Stein rolle ich mit starkem Arm zur Seite. Dann – welch hintergründiger Witz – springe ich hinauf und mache es mir bequem. Auf dem Stein! Als sei er ein Sessel! Die Szenerie ist perfekt: Das fahle Licht der Dämmerung auf den Gesichtern der Frauen. Dann die aufgehende Sonne. Mein weißes Gewand. Fehlt nur die Musik. Ennio Morricone. Da-da-damm-da-daaa!«

Ich starre ihn mit offenem Mund an. Nimmt er mich auf den Arm?

»Nach einer dramaturgischen Pause«, fährt er fort, »sage ich mit selbstverständlicher Gelassenheit: ›Er ist nicht hier. Er ist auferstanden.‹ Ich biete ihnen eine kurze Führung durch das leere Grab an, die sie dankend annehmen. Als sie sich davon überzeugt haben, dass es wirklich leer ist, schickte ich sie nach Hause, damit sie den anderen die frohe Botschaft verkünden. Sie laufen eilends. Unterwegs begegnen sie IHM.«

»Ohne Erdbeben, nehme ich an?«

Er überhört die Ironie. »Natürlich ohne! So etwas darf man nicht inflationär verwenden.«

»Aha«, sage ich trocken. »Und warum erzählst du mir das jetzt?«

Er sieht mich verständnislos an. »Lässt dich das denn kalt? Was für eine Geschichte! Der Tod – er ist verschwunden! Der Engel wälzt mit leichter Hand einen Fels beiseite. Ein Grab, auf dem man es sich gemütlich macht!«

Er strahlt über seine Erzählung so sehr, dass ich jetzt selber lächele.

»Und glaubst du, was du da erzählst?«

»Ja, du etwa nicht?«

»Also ehrlich gesagt … Ich bin mehr so der Typ für Argumente.«

»Ach«, sagt er betreten. »Da fehlt dir aber was. Na, mach dir nichts draus. Dann komme ich eben wieder. Nächstes Jahr?« Er öffnet die Balkontür und geht hinaus.

»Freu dich schon mal«, ruft er noch, bevor er vom Geländer springt. Ich stürze hinaus, mit dem Schlimmsten rechnend schaue ich hinab.

Aber was soll ich sagen?
Nichts.
Gar nichts.

Als der Sabbat vorüber war, gingen Maria aus Magdala und die andere Maria frühmorgens zum Grab. Es war Sonntag, der erste Tag der neuen Woche, und der Morgen dämmerte. Plötzlich fing die Erde an zu beben. Ein Engel Gottes kam vom Himmel herab, wälzte den Stein vor dem Grab beiseite und setzte sich darauf. Er leuchtete hell wie ein Blitz, und sein Gewand war weiß wie Schnee.
Die Wachen stürzten vor Schreck zu Boden und blieben wie tot liegen. Der Engel wandte sich an die Frauen: »Fürchtet euch nicht! Ich weiß, dass ihr Jesus, den Gekreuzigten, sucht. Er ist nicht mehr hier. Er ist auferstanden. Kommt, ich zeige euch die Stelle, wo er gelegen hat. Dann geht zu den anderen und sagt ihnen, dass Jesus von den Toten auferstanden ist. Er wird euch nach Galiläa vorausgehen, und dort werdet ihr ihn sehen.«

AUS MATTHÄUS 28

Der Engel, der Busfahrerin werden wollte

Eigentlich wollte sie Busfahrerin werden. Weil man da immer unterwegs ist. Das mag sie, unterwegs zu sein. Und Menschen mag sie auch. Als Busfahrerin sollte man Menschen mögen, sonst ärgert man sich bloß über die vielen Fragen. Ob der Bus auch zum Hauptbahnhof fährt. Ob das hier die Linie fünf ist. Wo man am besten aussteigt, wenn man zur Konzerthalle will. Man könnte sich auch über die Omi ärgern, die eine halbe Stunde braucht, um einzusteigen oder über die lauten Schülerinnen oder über die Fußballfans, die Türblockierer, die

Fliegen lernen

Kekskrümeler, das brüllende Baby. Über Menschen kann man sich immer ärgern. Aber so ist sie nicht. Sie mag Menschen. Und sie stellt es sich schön vor, jeden an sein Ziel zu bringen. Als ob man ein Puzzle zusammensetzt. Den nervösen Mann zu der Frau, die im Ofen ein Käsesoufflé hat. Die Omi zu einem Rendezvous. Den schwitzenden Jugendlichen zu seinem ersten Vorstellungsgespräch. Das vornehm gekleidete Paar in die Oper. Die Japaner zum Fernsehturm. Den Mann mit dem Buch in seine stille Wohnung. Am Abend ist die Welt geordneter. So stellt sie sich den Alltag einer Busfahrerin vor.

Aber dann wurde sie Engel. Es ergab sich so.

*

»Oh«, sagen die Leute, wenn sie das hören, »da haben Sie aber eine große Verantwortung!« Sie wird dann etwas verlegen, weil es ihr unangenehm ist, wenn sie im Vordergrund steht. Dann weiß sie nicht, was sie sagen soll. Sie lächelt schüchtern: »Es geht. Man bringt Leute dorthin, wo sie hin sollen. Eigentlich nichts anderes als Busfahren.«

»Und die Flügel?«, fragen die Leute, denn sie haben noch nie eine Busfahrerin mit Flügeln gesehen.

»Die habe ich noch nie getragen. Meistens nehme ich das Fahrrad.«

Dann wenden sich die Leute ab, denn Fahrradfahren können sie selber, dafür brauchen sie keinen Engel.

Ihr macht das nichts. Ohnehin ist sie lieber inkognito unterwegs. Da stören Flügel bloß.

Überhaupt ist das Leben eines Engels unspektakulärer als man denkt. Sie erhält einen Auftrag. Den füllt sie aus. Dann geht sie wieder. Wie eine Busfahrerin. Die legt ihre Route ja auch nicht selber fest. Oder ein Postbote. Der bringt die Briefe, die andere schreiben. Als Engel ist man eine Dienstleisterin. Sie mag das.

»Aber woran erkennt man Sie denn?«, fragen die Leute. »Sie tragen ja nicht mal eine Uniform. Dabei sollten Sie das! Woher soll man denn sonst wissen, dass Sie ein Engel sind?«

Sie lächelt dann bedauernd, denn sie kennt das Dilemma. Einmal klingelte sie an der Tür im sechsten Stock eines Mehrfamilienhauses. Auf der Fußmatte stand »Come back with Pizza«. Ein Mann öffnete und sah sie misstrauisch an. Höflich sagte sie: »Guten Tag. Ich bin ein Engel.« Der Mann kniff die Augen zusammen: »Kommen Sie von den Zeugen Jehovas?« Sie wusste nicht, wer das ist, aber dem Blick des Mannes nach zu urteilen, waren sie nicht beliebt. »Nein, ich habe eine Botschaft für Sie. Darf ich reinkommen?« »Kann ja jeder sagen. Und dann klauen Sie mein Sparbuch«, schnauzte der Mann. »Denken Sie, ich bin doof? Schreiben Sie mir eine E-Mail!« Er knallte die Tür zu. Vielleicht hätte sie Pizza mitbringen sollen.

*

»Wenn Sie ein Engel sind, dann tun Sie gefälligst was! Retten Sie Leute, verhindern Sie Verkehrsunfälle, Raubüberfälle und Liebeskummer! Sorgen Sie dafür, dass die

Fliegen lernen

Welt ein besserer Ort wird!« Solche Sachen hört sie als Engel dauernd. Sie versucht dann zu erklären, dass hier ein Missverständnis vorliegt: Dies ist nicht Aufgabe der Engel, sondern der Menschen.

*

Einmal war sie im Krankenhaus. Leise betrat sie eines der Zimmer. In der Mitte stand ein einzelnes Bett. Ein Mann lag darin. Er sah sehr krank aus. Seine Frau saß auf der Bettkante und sah sie hoffnungsvoll an. »Es gibt doch Wunder, oder?«
 Sie fühlte sich unwohl. »Ja«, sagte sie zögernd.
 Und dann leiser: »Aber manchmal sehen sie nicht aus wie Wunder ...«

*

Ihren Namen nennt sie nicht. Ihr Gesicht vergisst man wieder. Ihr Schritt ist lautlos. Manchmal wollen die Leute mit ihr handeln. Wenn es schlimm wird, schreien sie und schimpfen. Aber sie kann nichts ändern. Sie kann nur da sein. Das aber kann sie gut.

*

Es dämmert bereits. Ihr macht die Dunkelheit nichts aus. Wo sie ist, ist es hell. Aber das Mädchen ist so klein, und es wirkt verloren inmitten der finsteren Bäume. Als es sie entdeckt, fragt es:
 »Musst du nicht nach Hause? Es wird schon dunkel.«
 Sie schüttelt den Kopf. »Ich muss doch aufpassen.«

»Auf wen?«

»Auf alle.«

Das Mädchen schaut sie neugierig an. Es hält etwas im Arm. Es ist ein Schaf. Es fragt: »Und wer passt auf dich auf?« »Das müssen alle anderen tun.«

*

»Engel«, sagen die Leute, »so ein schöner Beruf. Und so sinnvoll. Sind Sie ein Schutzengel?« Die mögen die Leute am liebsten. Sie denken, dann sind sie in Sicherheit. Aber Sicherheit hat sie nicht. Manchmal bedauert sie das. Sie hat nichts in der Hand. Sie ist da. Selbst da, wo man sie nicht erwartet.

Gott hat seinen Engeln befohlen, dass sie dich
behüten auf allen deinen Wegen, dass sie dich
auf den Händen tragen und du deinen Fuß
nicht an einen Stein stößt.

PSALM 91, 11–12

Fliegen lernen

Der Engel hat sich an der Zuganzeige zu schaffen gemacht. Ich sehe ihn nicht, aber die Zahlen schieben sich nach vorn. Fünfzehn Minuten Verspätung. Zwanzig Minuten Verspätung. Ich wollte den frühen Zug nehmen, weil ich es eilig habe. Der Engel drückt mich sanft in die Knie. Ich hocke mich auf eine Stufe weit hinten am Ende des Gleises, wo niemand ist außer mir. Das Handy nimmt er mir aus der Hand. Ich will protestieren, doch die Sonne blendet mich, ich schließe die Augen und vergesse, was ich wollte.

Der Engel, der den Weg weist

Dr Mann liegt am Boden. Er rührt sich nicht. Er hat etwas Schlimmes getan. Und er weiß das. Aber er will sich nicht stellen. Er verschließt davor die Augen, denn er hat Angst, dass ihn alles einholt. Der Mann war sich ganz sicher. Ganz sicher zu sein, ist immer bedenklich.

Eine Freundin:
Der E. ist halt sehr – ich sag mal – begeisterungsfähig. Wenn der für irgendwas brennt, dann kann er sich da total reinsteigern. Das waren auch immer gute Sachen.

Fliegen lernen

Der E. ist keiner von diesen Endzeitpropheten. Der wollte die Welt verbessern! Sowas gibt es doch heute kaum noch. Die meisten gucken vor allem, wo sie selbst bleiben. So einer ist E. nicht. Der hat bei der Tafel mitgearbeitet. Gerade die alleinerziehenden Frauen, die liebten ihn. Weil er ihnen zugehört und das Gefühl gegeben hat, dass sie tapfer sind. Ich kann das total verstehen, der kann einen wirklich aufbauen. Du fühlst dich plötzlich wieder geliebt. Dabei hat er nie geflirtet oder so. Er ist eher ein schüchterner Typ, ich glaube, vor Frauen hat er Angst. Ist auch schon ewig Single. Bei uns ist nie was gelaufen, nie. Wir haben viel geredet, das hat gereicht.

Aber irgendwann hat der E. mehr und mehr von Gott erzählt. Mir war das unangenehm, ich wusste nicht, was ich dazu sagen soll. Er wollte mich bekehren, das wurde immer heftiger. Das war auch die Zeit, wo wir uns dann nicht mehr so oft gesehen haben. Mir war das zu viel. Er wollte, dass ich Gott mein Leben übergebe. So nannte er das. Ich wusste nie so recht, was er damit meint, aber er war geradezu besessen davon. »Allein Gott kann deinem Leben einen Sinn geben«, hat er gesagt. Und dass ich umkehren soll. Auf einmal habe ich mich wie ein schlechter Mensch gefühlt. Ich dachte: Umkehren? Wovon denn? Ich tue doch nichts Böses. Ich mag mein Leben. »Aber darin findest du doch keine Erfüllung«, hat er gesagt. Ich war ratlos, denn mir fehlte ja nichts. Ich hatte das Gefühl, mir sollte etwas fehlen, aber ich wusste nicht was. Er guckte dann so mitleidig. Als läge plötzlich ein großer Graben zwischen uns. Ich fand das traurig. Vielleicht hätte ich mehr nachfragen sollen? Mehr zwischen den Zeilen lesen müssen? Aber mit sowas rechnet man doch nicht ...

Er steht nicht mehr auf. Der Mann hat beschlossen zu sterben. Aber vom Liegenbleiben stirbt man nicht. Der Mann bemitleidet sich selbst. Bisher war ihm Mitleid fremd. Das ist immerhin ein Anfang.

Frau D. von der Tafel:
Das war ein ganz Netter. Ein reizender junger Mann. Hier ist doch manchmal ein Hauen und Stechen, jeder will das Beste. Besonders die jungen Männer, die drängeln sich nach vorn. Dabei brauchen die das doch am wenigsten, die können doch arbeiten, nicht? Ich habe eine Muskelkrankheit, da kann ich nicht mehr arbeiten gehen, weil es mal solche und mal solche Tage gibt. Das geht auf's Gemüt. Aber der E., der hat mich immer aufgemuntert. Frische Erdbeeren hat er mir gegeben oder mal ein Schnitzel für mich zurückgehalten. Nehmen Sie, hat er gesagt, Sie müssen doch bei Kräften bleiben. Der hat sich immer Zeit genommen. Wirklich, ich glaube, der war ein Heiliger. Ein echter Heiliger.

Ein Engel kommt. Der Mann sieht ihn nicht. Er hört nur die Stimme: Steh auf und iss. Er öffnet die Augen und sieht das Brot. Jetzt will er doch nicht mehr so dringend sterben, denn er hat Hunger. Er isst und dann verkriecht er sich wieder.

Fliegen lernen

Ein Kollege:
Ich will nichts Schlechtes sagen, aber wenn Sie mich fragen: Der ging über Leichen. Einerseits erzählte der so viel von seinem Glauben, alles schön und gut. Ich sag' immer: Jeder soll glauben, was er will. Aber müssen, soll keiner. Ich persönlich bin Atheist. Der hat mich öfter eingeladen, dass ich ihn mal besuche, aber ich wollte nicht. Ich wollte seine Heftchen nicht, so eine Art Traktate waren das. Ich wollte auch nicht mit ihm beten. Am Anfang mochte ich nicht unhöflich sein, aber irgendwann musste ich einfach deutlicher werden. Sonst hätte der es nicht kapiert. Das hat ihm nicht geschmeckt. Eigentlich hat er mir gedroht, dass ich sehen werde, was ich davon habe. Ich hab' das nicht so ernst genommen. Schlimmer war es bei denen, die was anderes glaubten. Das konnte er gar nicht haben. Das hat der verhöhnt, und der Ilse – das ist die aus dem Betriebsrat – der hat er immer wieder gedroht.

Man hätte es ahnen können, denke ich jetzt, dass der irgendwann radikal wird. Aber im Nachhinein ist man ja immer schlauer.

Die Stimme lässt nicht locker. Sie wiederholt geduldig, was zu sagen ist. Steh auf und iss. Du hast einen weiten Weg vor dir. Dabei hatte der Mann gedacht, er sei am Ziel.

Ilse aus dem Betriebsrat:
Der hatte Angst vor mir. Frauen sind bei dem doch Mäuschen. Die sollen den Mund halten und hilfsbedürftig

sein, damit kann er umgehen. Seine ganze Religion ist eine Männerreligion. Klar, hat mich das wütend gemacht. Damit hätte ich leben können, wenn er mich in Ruhe gelassen hätte. Aber das hat er nicht. Dauernd wollte er alle bekehren. Der war ja geradezu besessen davon, recht zu haben. Die einzige Wahrheit zu kennen. Aber ich lasse mir nicht den Mund verbieten. Schon gar nicht von so einem. Offenbar bin ich ja die letzte, die ihn gesehen hat, also hinterher. Was für eine Irrsinnstat! Ich habe ihm mitten ins Gesicht gesagt, dass ihn das einholen wird. Dass ich mich nicht einschüchtern lasse. Damit hat er nicht gerechnet. Weil er das nicht gewohnt war. Er ist dann einfach weggelaufen.

Ich bin nicht besser, als alle anderen, denkt der Mann. Niemand widerspricht. Das ist eine überraschende Erkenntnis für ihn. Sie trifft ihn tief. Er hatte wirklich daran geglaubt, besser zu sein als alle anderen.

Ein Gleichgesinnter:
Wir brauchen Werte. In unserer Gesellschaft gehen die immer mehr verloren. E. hatte Werte. Natürlich finde ich es nicht richtig, was er getan hat. Aber man muss da auch kritisch sein. Man muss sich auch mal fragen: Wie konnte es denn überhaupt so weit kommen? Sind wir denn nicht selber dafür verantwortlich? Kann man es einem vorwerfen, dass er konsequent für seine Werte eintritt? Wenn das mehr Leute täten, dann wären solche Extremtaten doch gar nicht nötig. Dann hätte er ja

Fliegen lernen

überhaupt keinen Grund gehabt, so weit zu gehen. Ich habe den manchmal auch heimlich bewundert. Dass er so eindeutig war. Der kannte keinen Zweifel. Der hat sich getraut, den Mund aufzumachen. Wer traut sich das denn heute noch? Ist doch alles erlaubt heutzutage. Aber ist das richtig?

Der Mann steht auf. Er weiß nicht wohin. Auch dieser Zustand ist neu. Bisher kannte er immer den richtigen Weg. Der Mann fragt sich, wohin man kommt, wenn man nicht weiterweiß. Er beschließt, es auszuprobieren.

Der Engel:
Ich fand ihn in der Wüste. Er lag am Boden, ein Schuldiger, den seine Schuld erdrückt. Steh auf, sagte ich. Ich urteile nicht, das ist nicht meine Aufgabe. Urteilen werden andere. Ich rede ihm ins Gewissen. Aber zuerst brachte ich ihm Brot und Wasser. Steh auf, sagte ich. Ich blieb beharrlich. Du hast einen weiten Weg vor dir. Du kannst dir nicht entfliehen. Gott ist nicht im Sturm. Gott ist nicht im Feuer. Gott ist nicht im Beben. Gott ist ein Hauch. Ein Hauch ist kein Holzhammer.

Der Mann geht los.

Nachdem Elia alle Propheten umgebracht hatte, floh er in die Wüste und wünschte sich zu sterben: »Es ist genug, ich kann nicht mehr. Nimm meine Seele; ich bin auch nicht besser als meine Väter.«

Dann legte er sich hin und schlief unter einem Ginsterstrauch. Da berührte ihn ein Engel und sagte zu ihm: »Steh auf und iss!«

Er sah sich um und fand neben seinem Kopf geröstetes Brot und einen Krug mit Wasser. Er aß und trank und legte sich wieder schlafen. Da weckte ihn der Engel zum zweiten Mal und sagte: »Steh auf und iss! Denn du hast einen weiten Weg vor dir.«

AUS 1. KÖNIGE 19

Der Engel, der eine Lilie bringt

»**Die Mia**«, **sagen die Leute** und dann weiß man, dass jetzt wieder so eine sonderbare Geschichte kommt. Energiesparlampen in den Birnbaum hängen zum Beispiel. Das nennt sie Kunst. Die Mia dichtet auch, aber das versteht keiner, weil die Worte sich nicht reimen. In der Kirche hat sie Jesus mal einen Anzug angezogen, den hatte sie selbst genäht, rosa-grün-geblümt. Damit der da nicht immer so nackt am Kreuz hängen muss, hat sie gesagt. Das hätte beinahe richtig großen Ärger gegeben, weil da der Spaß doch nun wirklich aufhört. Das sei gar kein Spaß, hat die Mia gesagt, aber das hat es auch nicht besser gemacht. Die Sache hatte nur deswegen kein Nachspiel, weil Mias Vater einen Batzen Geld für die neue Orgel gespendet hat. Dem ist das auch peinlich, dabei kann er ja nichts dafür. Die Mia macht eben, was sie will. »Wenn die bloß erstmal unter der Haube ist«, sagen die Leute. Dann hat sie keine Zeit mehr für solche Flausen.

Aber Mia denkt nicht daran, zu heiraten. Dabei hat sie sogar einen Freund, Jupp. Das ist so ein Stiller, der ist die ganze Zeit mit seinem Holz beschäftigt. Schreiner ist er, auch ein ganz ordentlicher. Warum der die Mia ausgesucht hat, versteht keiner so richtig. Vielleicht wegen des Sex. Weiß ja niemand, was in den Schlafzimmern vorgeht.

Die meisten Schulfreundinnen von Mia sind längst schwanger. Einige schon zum zweiten Mal. Manche sind natürlich auch weggegangen zum Studieren, aber das wollte die Mia nicht. Schwanger wird sie trotzdem nicht.

»Will ich nicht«, sagt sie und keiner versteht das. Muss auch nicht, findet Mia. Sie hat nichts gegen Kinder, aber sie findet andere Sachen eben spannender. »Nö«, sagt sie, wenn jemand fragt, ob es bei ihr denn auch bald soweit ist. Einfach »Nö«. Das ist doch nicht normal. Dabei sieht die Mia ganz gut aus. Wenn sie in ihrem blauen Kleid im Garten sitzt, dann ist die geradezu zum Anbeißen. Und mit den Kindern von der Schwester spielt sie auch. »Vielleicht ist die krank«, vermuten die Leute. Aber Mia ist nicht krank.

Fliegen lernen

Mia schreibt. Mia denkt sich Sachen aus. Mia häkelt kleine Mützchen, die sie auf die Latten des Gartenzauns setzt. Mia hat einen Blog. Mia balanciert im Wald auf Baumstämmen. Mia denkt über das Wort »Tunichtgut« nach. Und dann über ein anderes. Mia kocht Waldmeistersuppe. Mia mag Lilien und dicke Hummeln. Mia redet mit Gott, aber das ist geheim. Mia sitzt bei Jupp in der Werkstatt und guckt ihm beim Hobeln zu. Weil sie das Holz so gern riecht. Und den Jupp auch. Mia ist empfänglich für Wunder. Für das Unfassbare. Mia ist zufrieden, und sie findet: Das reicht.

An einem Nachmittag im März kommt ein Fremder zu Mia. Er hat eine Lilie dabei. Das ist sonderbar. Den Mann hat noch nie einer zuvor gesehen. Sowas fällt auf. Was der wohl will von der Mia, fragen sich die Leute und recken ihre Hälse. Merkwürdig, dass hinterher keiner das Aussehen von dem Fremden beschreiben kann.

Mia sieht auf, als er hineinkommt. Mias Tür ist immer offen. Der Fremde setzt sich auf den Hocker und hält ihr die Lilie entgegen. »Freu dich«, sagt er. »Die ist von Gott.« So etwas geschieht selbst Mia nicht alle Tage. Sie ist neugierig, wie das jetzt weitergeht.

»Gott mag dich«, sagt der Fremde. Das findet Mia nicht so überraschend, weil Gott alle Menschen mag. Aber nett ist es natürlich trotzdem. Mia mag Gott auch. Aber davon redet sie nicht so viel, vor allem nicht nach der Sache in der Kirche. Mit dem Anzug für Jesus. Sie scheint Gott anders zu mögen, als die anderen. Das finden nicht alle gut. Vor allem finden sie es sonderbar.

»Macht nichts«, sagt der Fremde, als könne er ihre Gedanken lesen. »Gott ist in dir. Bring ihn zur Welt.«

Mia kneift die Augen zusammen und sieht den Fremden an. »Wie soll das gehen?« Dann denkt sie an die 63 Leser ihres Blogs und dass das noch nicht die Welt ist.

»Gott begeistert dich«, fährt der Fremde ungerührt fort. »Das reicht.«

Mia hat da so ihre Zweifel, ob das reicht.

»Alle Dinge sind möglich bei Gott«, fügt der Fremde hinzu, »denk an die Geschichte von Maria.«

Mia nickt. Sie nimmt die Lilie und sagt: »Gut. Wollen wir mal sehen. Ich bin Gottes Dienerin.« Sie sagt das ein bisschen ironisch, aber wiederum auch nicht.

Der Fremde lächelt und geht.

Das war ein Engel, denkt Mia. Sie wiegt ein bisschen den Kopf, als wolle sie prüfen, ob etwas darin anders ist. Aber eigentlich ist alles wie immer. Verändert fühlt sie sich trotzdem. Die Begegnung mit dem Fremden hat sie befruchtet. Ihre Hände kribbeln. Sie klappt das Notebook auf und schreibt:

An meinen Großmacher
Mein Rabenherz küsst dich
Ich Tunichtgut pflück dich
Weil du mich gerettet hast
Hast auf mein bisschen Sein geschaut
Mückenglücklich preisen mich
Menschenkinder fort und fort
Hast gernmalgroß mich gemacht

Fliegen lernen

Ein Fingerschnipsen den Alleswissern
Ein Wolkenbruch den Heiligscheinern
Die Geknickten entfaltest du
Du Himmelsspeise
für Hungerleider
Legst Gold mir auf die Zunge

Solche Sachen schreibt Mia. Die Leute schütteln den Kopf: »Bist du jetzt eine Prophetin oder was?«

Und Mia nickt entschieden.

Der Engel Gabriel wurde von Gott zu einer jungen Frau gesandt, die hieß Maria. Sie war mit einem Mann namens Josef verlobt, einem Nachkommen Davids. Der Engel kam zu ihr hinein und sprach: »Sei gegrüßt, du Begnadete, Gott ist mit dir! Du wirst schwanger werden und einen Sohn gebären, dem sollst du den Namen Jesus geben. Der wird groß sein und Sohn des Höchsten genannt werden und sein Reich wird kein Ende haben.«
Maria fragte den Engel: »Wie soll das zugehen?«
Der Engel antwortete: »Gottes Geist wird über dich kommen, und die Kraft des Höchsten wird alles in den Schatten stellen; darum wird das, was du zur Welt bringst, heilig genannt werden. Denn bei Gott ist nichts unmöglich.«
Maria sagte: »Ich gehöre Gott, ich bin bereit; mir geschehe, wie du gesagt hast.«
Und der Engel verließ sie.

AUS LUKAS 2

Fliegen lernen

»Brauchst du einen Engel?«, fragt der Engel und klingt dabei wie der Typ aus der Sesamstraße, der immer die »As verkauft. Sofort senke auch ich meine Stimme, denn einen Engel hätte ich gern.
»Wozu brauchst du ihn?«, fragt der Engel.
»Weiß nicht«, sage ich. »Kann nicht schaden. Zur Sicherheit.« Mein ganzes Leben habe ich gelernt, dass es auf Sicherheit ankommt. Lebensversicherung, Zahnzusatzversicherung, Rücktrittsversicherung, Feuerversicherung. Mir würde noch eine ganze Menge mehr einfallen. So ein Engel deckt bestimmt vieles davon ab.
»Vergiss es«, sagt er und nimmt seinen Mantel. »Ich komme wieder, wenn es wirklich brennt.«

Der Engel, der in ein Kinderherz passt

»**Glaubst du,** dass es in echt Engel gibt?«

»Nee«, sagt Luc. »Dann müsste man doch mal einen sehen.«

»Superman habe ich auch noch nie gesehen«, wende ich ein. Im Moment finden wir Superman am besten. Vorher war es Batman, aber jetzt nicht mehr. Wir sitzen im Kirschbaum und lassen die Beine baumeln. Mama will das nicht, weil wir ein Loch im Kopf haben, wenn wir runterfallen. Ich glaube das nicht. Weil, unter dem Baum wachsen Brennnesseln, die brennen höchstens.

Fliegen lernen

»Das ist schon komisch, dass man die nie sieht«, überlegt Luc und schnipst eine Kirsche weg. »Wenn ich ein Superheld wär, dann würde ich mich nicht verstecken.«

»Superman versteckt sich doch nicht. Der kommt eben nur, wenn man ihn braucht.« Obwohl das auch nicht ganz stimmt. Als letztes Jahr vor unserem Haus ein Kind überfahren wurde, kam kein Superman. Und auch kein Engel.

»Was können Engel eigentlich Besonderes?« Jeder Superheld hat eine besondere Superkraft. Irgendwas, das keiner sonst kann. Ich überlege, was ein Engel so tut und eigentlich fällt mir nur Fliegen ein.

»Das ist doch nichts Besonderes!«, sagt Luc. »Vögel können auch fliegen. Sogar dieser Käfer hier kann fliegen. Trotzdem kann ich den zerquetschen, wenn ich will. Willste sehen?«

»Nee«, sage ich, weil ich nicht will. Lucs Augen blitzen so komisch. Ich mag das Blitzen nicht. »Was meinste«, fragt er, »kann man einen Engel zerquetschen?«

»Höchstens, wenn man Superman ist.«

»Echt?«, fragt Luc. Ihn scheint die Frage wirklich zu interessieren. »Wer ist wohl stärker – Superman oder ein Engel?«

Solche Sachen überlegen wir oft. Luc glaubt, Superman ist stärker als Batman und stärker als sein Vater. Obwohl der sogar Hanteln hat. Habe ich gesehen, als ich mal bei Luc geschlafen habe. Einen Engel mit Muskeln kann ich mir nicht so gut vorstellen. Hat der nicht eher Flügel?

»Also, fliegen können beide«, fasse ich zusammen.

»Aber nicht in echt«, wendet Luc ein. »Was können Engel denn in echt?«

Ich überlege. »Aufpassen, dass nichts passiert?«

»Und wenn doch was passiert?«

»Dann retten die einen.«

Ich habe schon mal gesehen, wie die Feuerwehr einen Mann aus einem brennenden Haus gerettet hat. Aber da ist keiner geflogen, die hatten eine Leiter. Feuerwehrleute sind cool. Die müssen jedem helfen, auch einem Verbrecher. Das hat mir Mama erklärt. Luc nickt, als wisse er das längst. Manchmal ist Luc echt ein Angeber. Aber ich mag ihn trotzdem.

»Ob Engel auch jedem helfen müssen? Oder nur den guten Menschen?«

Das ist eine ziemlich knifflige Frage. Ich pule ein bisschen Rinde vom Baum und höre schnell wieder auf damit, weil ich nie weiß, ob der Baum davon kaputtgeht. Das wäre blöd, dann hätten wir keinen Baum mehr.

»Also, ich glaube, Engel müssen jedem helfen«, sage ich. »Weil, wenn wer Hilfe braucht, muss es doch schnell gehen. Dann können die doch nicht erst nachforschen, ob der ein Verbrecher ist.«

»Und wenn die in seinen Kopf reingucken können?«

»Ja schon, aber wenn der zum Beispiel gerade in einem brennenden Haus sitzt, dann denkt der bestimmt in dem Moment nur, wie er da rauskommt. Dann kann man einen bösen von einem guten Menschen gar nicht unterscheiden.«

Fliegen lernen

Luc verdreht die Augen. »Und jetzt stell dir mal vor, der hat genau vorher einen umgebracht. Warum soll der dann gerettet werden? Geschieht ihm doch recht!«

Ich habe plötzlich eine Gänsehaut, weil ich den Gedanken gruselig finde, dass einer verbrennt und keiner hilft. Das könnte ich nicht. Egal ob Verbrecher oder nicht.

Wir schnipsen noch mehr Kirschen runter und versuchen, die Pfütze zu treffen. Ich treffe knapp daneben.

»Ist eigentlich für böse und für gute Leute der gleiche Engel zuständig?«

»Glaube schon«, sage ich und versuche, besser zu zielen. »So ein Feuerwehrmann rettet ja auch Böse und Gute. Außerdem ist ja keiner immer böse.«

»Und wenn doch?«

»Dann braucht der besonders viele Engel, damit die ihn davor beschützen, noch mehr Schlimmes zu machen.« Das sind alles voll schwierige Fragen. Aber Luc lässt nicht locker: »Und wenn er trotzdem was Schlimmes tut?«

»Dann muss er ins Gefängnis.«

Jetzt ist Luc ruhig. Ich schnaufe, weil so viel Denken anstrengend ist. Fast wie Tausendmeter-Lauf, nur im Kopf.

»Geht der Engel dann mit ins Gefängnis?«, fragt Luc.

»Bestimmt. Das ist ja auch total praktisch, weil der Böse da nicht weglaufen kann. Und dann kann ihm der Engel beibringen, wie man nicht mehr böse ist.«

»Aber was ist, wenn die anderen Verbrecher damit angeben, was die schon alles gemacht haben? Dann erzählen die dem davon. Und der findet das dann cooler als das, was so ein Engel sagt.«

»Das dürfen die nicht«, rufe ich.

»Mann«, stöhnt Luc, »das sind Verbrecher! Denen ist egal, was die dürfen!«

»Mein Papa sagt mir auch manchmal Sachen, die ich nicht hören will. Dann höre ich mit Absicht nicht zu.«

»Und dann?« Luc guckt mich interessiert an.

»Dann sagt er, ich soll ihn angucken. Wenn man wen anguckt, kann man nicht so tun, als ob man ihn nicht hört. Vielleicht guckt der Engel einen immer an.« Das stelle ich mir eigentlich ganz schön vor.

Wir klettern vom Baum runter, weil es schon ziemlich spät ist. Außerdem habe ich Hunger.

»Hast du«, fragt Luc bevor er abbiegt, »schon mal einen Engel gesehen?«

»Nee«, sage ich, »aber einen Feuerwehrmann.«

»Und wenn der Feuerwehrmann ein Engel war?«

Einmal kamen die Jüngerinnen und Jünger zu Jesus und fragten: »Wer ist im Himmelreich der Größte?«

Jesus rief ein Kind herbei, stellte es in ihre Mitte und sagte: »Wenn ihr euch nicht ändert und so wie die Kinder werdet, werdet ihr nicht in Gottes Reich hineinkommen. Wer sich so klein macht wie dieses Kind, der ist im Himmelreich der Größte. Und wer solch ein Kind in meinem Namen aufnimmt, der nimmt mich auf. Wer einen von diesen Kleinen, die mir vertrauen, zum Bösen verführt, der sollte sich lieber einen Mühlstein um den Hals hängen und sich in der Tiefe des Meeres versenken. Hütet euch davor, einen von diesen Kleinen zu verachten! Denn ich sage euch: Ihre Engel im Himmel schauen stets das Angesicht Gottes.«

AUS MATTHÄUS 18

Dr Engel, der umwirft

Mitten in der Nacht steht er auf. Im Zelt ist es kalt. Aber das ist nicht der Grund. Die Komfortzone seines Schlafsacks verspricht Wärme, auch bei minus zehn Grad. Er kann nicht schlafen. Schwarz liegt der Fjord vor ihm. Dies ist die einundzwanzigste Nacht auf seinem Weg zum Nordkapp. Er versucht ein Nachtgebet.

Herr, ich bin es. Von unterwegs. Ich habe mich lange nicht gemeldet, weil … weil ich nichts mehr mit dir anfangen kann. Ich bin es leid, dich auf Westentaschenformat zusammenzufalten. Wenn es dich gibt, dann wehr dich. Du bist nicht lieb. Lieb ist die kleine Schwester von egal. Wer lieb sagt, meint: Mach ein freundliches Gesicht und stör nicht. Wir haben zu tun. Unser Leben ist ach so fordernd, das kannst du dir gar nicht vorstellen. Da komm du nicht bitte auch noch dazwischen. Aber ich widerspreche: Doch! Komm dazwischen! Stör mich!

Nach dir zu fragen bedeutet heute, meditative Tänze zu tanzen. Die schlimmen Worte, die wollen wir nicht in den Mund nehmen. Deinen Zorn, den finden wir böse. Wir haben dich kastriert. Nimmst du das einfach hin?

Ich will nicht tanzen. Ich kann es auch nicht. Ich finde keine Antworten zwischen bunten Seidentüchern. Ich will mit dir um die Wahrheit kämpfen. Ich will mit dir um mein Leben ringen.

Plötzlich taucht aus dem Nichts jemand auf. Der moosige Boden muss seinen Schritt gedämpft haben. Er stellt sich ihm entgegen und wirft ihn um. Er stürzt ins Leere, sein Knie stößt an einen Stein. Der andere umklammert ihn, ringt mit ihm, ist stark. Er japst nach Luft und kämpft um sein Leben.

Wer bist du? Was willst du von mir? Hier hast du mein Leben, mein ganzes schönes, vermaledeites Leben. Den Schmerz werfe ich dir vor die Füße und meine Schuld, mit denen ich ja irgendwie leben muss, weil ich die Dinge nicht ungeschehen machen kann. Die zertretenen Ameisen nicht, die geklauten Zigaretten, die ergaunerte

Drei in Latein, meinen Verrat an Sonja, mein Schweigen und meine Feigheit, die viel zu seltenen Besuche bei Opa, als er alt war und nervig und mein Selbstmitleid, jetzt keinen mehr zu haben, mit dem ich die Erkenntnistheorie diskutieren kann. Die heimlichen Gedanken an S., die ich nicht verscheuchte, weil sie so angenehm waren, meine Erleichterung über die Kündigung von Herrn B., obwohl ich wusste, wie ungerecht sie ist, die gesparten Steuern und meine Selbstvergewisserungen, dass nicht schlimm sein kann, was alle tun. Deine Gebote und meine Relativierungen und meine Anklagen an dich für das nichtgelieferte Glück. Das alles kann ich nicht rückgängig machen und doch werfe ich mein Leben in den Ring und meinen Zorn, dass du so unnahbar, so ungreifbar, so fürchterlich bist. Meine Rationalisierungen deines Schweigens und meine Ohnmacht. Den Schmerz, ich könnte dir egal sein, schlimmer noch, ich könnte einem Wunschtraum hinterherjagen, einem Hirngespinst schlafloser Nächte und du hinderst mich nicht.

Als der Fremde sieht, dass er standhält, dass er ihn nicht besiegen kann, bittet er: Lass mich gehen, der Morgen kommt. Aber er hält ihn fest: Ich lasse dich nicht, gib mir deinen Segen.

Ich lasse dich nicht los. Ich bin noch nicht fertig mit dir. Ich weiß, dass du da draußen lauerst und ich weiß, dass du mehr zu bieten hast, als 52 Sonntage im Jahr. Ich will nicht brav dem Orgelnachspiel lauschen. Kein Kirchenkaffee vertröstet mich. Ich will nicht warten, bis endlich wieder Ostern ist, wo du auftauchen musst, weil wir mit dem Karfreitag doch nicht allein bleiben können. Du kannst uns so nicht hängenlassen. Ich will mich nicht beruhigen lassen von Regenbögen und bunten Luftballons, die so hübsch zum Himmel fliegen, als Motiv für Instagram. Ich will dich nicht ins Fotoalbum kleben und später sagen: Schau mal, da war ja Gott, und staunen, wie schnell so ein Bild verblasst.

Ich will deinen Segen und ich will nicht eingeladen werden, dazu aufzustehen. Ich will nicht darum bitten. Ich fordere ihn für mein Leben!

Der Fremde fragt: Wie heißt du?

Wie ich heiße, willst du wissen? Ich bin der, der immer noch träumt. Ich bin der, der sich morgens im Spiegel sieht und sagt: Los geht's, obwohl ich keine Ahnung habe, wohin. Ich suche das echte Leben, kaufe ein Zelt oder eine Axt, aber sehe den Wald vor lauter Bäumen nicht. Ich kann auch im strömenden Regen Lagerfeuer machen, aber eine Erleuchtung hatte ich trotzdem noch nicht. Ich bin der mit der Himmelsleiter, der Höhenangst hat. Ich mag Zartbitter immer noch lieber als Vollmilch, allein schon des Wortes wegen. Ich horche auf den Wind, das Heute und sein Geheimnis, und manchmal höre ich nur Heulen. Ich fürchte weder Gespenster noch Wölfe, und mitheulen werde ich nicht. Ich bin heute anders als gestern, nur manchmal habe ich vergessen, wer ich gestern war und wer ich morgen sein will.

Wie ich heiße, fragst du? Du kennst mich. Du hast mich bei meinem Namen gerufen. Ich bin dein.

Er fragt den Fremden, keuchend, stammelnd, fordernd: Aber du – wie heißt du?

Der Fremde entgegnet: Warum fragst du, wie ich heiße?

Weil ich dich kennen will. Weil ich dich fassen will. Schon bei der Anrede scheitere ich. Wer bist du? Der liebe Gott? Bloß nicht. Das ist so kindlich und auch wenn wir uns deine Kinder nennen sollen – so fühle ich mich nicht. Ich kann mit dem Vater-Ding nichts anfangen (und Mutter macht es auch nicht besser). Herr? Viel zu formell. Wir haben uns zusammen im Staub gewälzt. Wir sind per Du. Mein Gott? Wie vereinnahmend das klingt. Wie könntest du mein sein, wenn du genauso wenig zu fassen bist wie der Wind. Hallo Gott? Das ist mir zu banal.

Also was?

Zeig dich. Es muss kein Feuerwerk sein. Ich brauche keine Erscheinung in einer abgelegenen Höhle. Dein Flammenschwert kannst du stecken lassen (falls du so etwas überhaupt hast). Du brauchst mich nicht zu beeindrucken. Ich schwärme nicht für Supermann. Was ich brauche, bist du. Ich will dich nah. Ich will mit dir ringen. Ich will dich fühlen. Ich will merken: Du schreckst

Fliegen lernen

vor mir nicht zurück. Ich will mich nicht mit sperrigen Theorien über dich begnügen. Schöne Bilder reichen mir nicht. Ich will dich nicht als Gleichnis, ich will dich echt. Wirf mich um und fang mich auf. Fall mir in den Arm und halt mich fest. Überwältige mich. Ich halte dir stand.

Da segnet ihn der Fremde. Er bleibt allein zurück. Er legt einen Stein auf einen Stein. An diesem Ort hat er Gott gesehen. Dann packt er Zelt und Schlafsack zusammen und bricht auf. Als er weiterzieht, geht ihm die Sonne auf. Sein Knie pocht und sein Herz.

Jakob stand in der Nacht auf, half seinen beiden Frauen, den Mägden und seinen elf Söhnen durch den Fluss, sodass hinüberkam, was er hatte.
Dann blieb er allein zurück. Da rang einer mit ihm, bis die Morgenröte anbrach. Und als er sah, dass er ihn nicht besiegen konnte, berührte er seine Hüfte, und das Gelenk wurde verrenkt.
Und er sprach: »Lass mich gehen, denn die Morgenröte bricht an.«
Aber Jakob antwortete: »Ich lasse dich nicht, du segnest mich denn.«
Er fragte: »Wie heißt du?« Er antwortete: »Jakob.«
Er sagte: »Du sollst nicht mehr Jakob heißen, sondern Israel; denn du hast mit Gott und mit Menschen gekämpft und hast gewonnen.«
Jakob fragte ihn: »Wie heißt du?«
Er entgegnete: »Warum fragst du, wie ich heiße?«
Und er segnete ihn.
Jakob nannte die Stätte Pnuël: Denn ich habe Gott von Angesicht gesehen, und doch wurde mein Leben gerettet. Als er weiterzog, ging ihm die Sonne auf; und er hinkte an seiner Hüfte.

AUS 1. MOSE 32

Fliegen lernen
___

Als der Engel seinen Auftrag ausgeführt hat, sieht er blass aus. Plötzlich mache ich mir Sorgen um ihn. Kann es sein, dass ein Engel nicht mehr kann? Ich schlage ihm vor, sich auszuruhen. Aber er schüttelt den Kopf. Sein Blick ist ernst. »Ich sterbe«, sagt er und ich erschrecke.
»Sowas darfst du nicht sagen!«, rufe ich, weil ich ihn behalten will. Aber er zerfällt vor meinen Augen.
»Mein Auftrag ist vorbei«, sagt er. »Das ist alles, was ich bin.« Dann ist er weg. Keine Feder zeugt von seinem Dagewesensein.

Der Engel, der das Feuer entfacht

Frau Moss hat dreiundzwanzig Telefonate geführt. Der Engel findet das übertrieben. Frau Moss sitzt im Zug. Sie hat vergessen, wohin er fährt, weil sie so viel zu organisieren hat. Frau Moss hat eine Mission, aber weil sie so viel zu organisieren hat, hat sie vergessen, worum es eigentlich geht. Frau Moss weiß nur: Es ist wichtig. Drei Menschen haben wegen der Telefonate bereits den Waggon gewechselt, aber Frau Moss merkt so etwas nicht mehr. Wenn sie es bemerken würde, würde es ihr einen Stich versetzen, weil die Leute doch einsehen müssten,

Fliegen lernen

wie wichtig es ist, was sie tut. Aber Frau Moss will keine Stiche spüren. Wer will das schon, fragt sich der Engel. Trotzdem telefonieren andere nicht, sondern packen ein Wurstbrot aus oder blättern in der Zeitung, als gäbe es nichts Wichtigeres in der Welt.

Der Zug fährt. Frau Moss telefoniert. Draußen ist Sommer. Drinnen ist Frau Moss. Der Engel ist auch da, aber den bemerkt Frau Moss nicht. Niemand bemerkt ihn. So ein Engel macht nicht viel Aufhebens um sich. Er telefoniert auch nicht. Seine Aufgabe ist eine andere: Frau Moss aus der Bahn zu werfen.

Der Zug wird langsamer. Das vorüberziehende Band verwandelt sich in einzelne Felder. Bis zum Horizont nichts als Felder. Frau Moss schaut auf. Sie runzelt die Stirn. Ein langsam werdender Zug bedeutet Verspätung. Ungeduldig sieht sie hinaus, aber sie kann keinen Grund für einen Halt erkennen. Felder, soweit ihr Auge reicht. Als Kind ist sie mit nackten Beinen durch die Stoppeln gerannt. Dass ihr das jetzt wieder einfällt. Felder im August riechen gut. Wie geröstetes Brot. Merkwürdig, dass man Gerüche nicht vergisst. Als gäbe es irgendwo einen Speicher, auf dem sie jahrelang lagern. Wozu bloß?

Plötzlich öffnet sich der Speicher und ein vergangenes Gefühl taucht auf: Sehnsucht. Möglich, dass der Engel seine Hände im Spiel hat. Frau Moss schaut aus dem Fenster und will es verscheuchen. Sehnsucht ist ein Gefühl, das stört. Es ruft einen immer hinaus. Jetzt sitzt es draußen auf dem Feld, von Frau Moss nur durch eine Glasscheibe getrennt.

Der Zug ist mittlerweile ganz zum Stehen gekommen. Niemanden scheint das weiter zu stören. Frau Moss greift nach ihrem Handy. Aber hier gibt es keinen Empfang. Sie legt es wieder weg und wird nervös. Um zwölf Uhr dreißig beginnt die Besprechung. Jetzt ist es elf Uhr vierzig. Selbst, wenn sie gleich ein Taxi bekommt, wird es knapp. Im Waggon ist es ganz still. Nicht mal eine Durchsage gibt es. Das ist ja nicht auszuhalten, denkt Frau Moss und steht auf. Im Gang ist niemand, nur eine Werbung für die Malediven, einem gänzlich unerreichbaren Ort, wenn man mit dem Zug unterwegs ist.

Der Engel findet, dass es jetzt Zeit ist, die Tür zu öffnen. Die entweichende Luft macht einen zischenden Laut, es piept und dann fließt die Hitze ins Innere des Zuges. Frau Moss starrt auf die Tür. Türen dürfen unterwegs nicht offenstehen, Frau Moss sieht sich unsicher nach einem Schaffner um. Aber niemand ist da, der eingreifen könnte. Hier ist Frau Moss und dort ist das weite Feld und dazwischen die Lücke. Der Engel gibt ihr einen Schubs, einen kleinen nur. Dann steht sie draußen.

Frau Moss blinzelt, so hell ist es auf einmal. Sie geht ein paar Schritte durch die Stoppeln. Das gibt bestimmt Laufmaschen, denkt sie. Aber sie geht trotzdem weiter. Was tust du da bloß, fragt sie sich. Du kannst doch nicht einfach aussteigen! Die Luft flirrt, als hätte jemand ein Feuer entfacht. Frau Moss kneift die Augen zusammen und ist sich plötzlich nicht sicher, ob sie vor sich nicht tatsächlich etwas auflodern sieht. Oder bildet sie sich das ein? So ein Feuer kann doch nicht aus dem Nichts ent-

Fliegen lernen

stehen! Das weckt ihre Neugier. Schön, denkt der Engel, jetzt haben wir schon zwei Gefühle: Sehnsucht und Neugier. Die passen gut zusammen.

Sie stolpert übers Feld, immer auf die Flammen zu. Denn dass da Flammen sind, kann sie mittlerweile deutlich erkennen. Plötzlich bleibt sie abrupt stehen. Vor ihr brennt es. Die Erde ist verkohlt, aber es gibt kein Holz, kein Reisig, nicht mal Stroh. Das Feuer brennt aus dem Nichts.

Was dann passiert, ist schwer zu beschreiben. Frau Moss hört ihren Namen: Anna. Ganz klar, ganz deutlich. Jemand hat nach ihr gerufen. Obwohl weit und breit niemand zu sehen ist. Sie antwortet: »Hier bin ich.«

In diesem Moment fährt der Zug weiter, ohne sie. Die Stimme sagt: »Dies ist ein heiliger Ort. Zieh deine Schuhe aus.« Die Worte berühren sie. Sie erinnern sie an ein Gedicht, dessen Autor sie nicht mal kennt. Jahrelang trug sie es in ihrer Geldbörse, bis der Zettel so brüchig war, dass er zerfiel.

Sie löst die Riemen ihrer Schuhe. Sie streift die Strümpfe ab. Vorsichtig setzt sie ihre Füße auf die Erde. Das fühlt sich gut an. Warm und fest, und Frau Moss ist auf einmal wieder Anna, die es liebte, barfuß zu gehen, am liebsten den ganzen Sommer lang. Anna. Anna war neugierig, unbeschwert und jung. Anna liebte es, Kartoffeln aus dem Feuer zu holen und sie mit den Fingern zu essen. Den Wind im Haar zu spüren und abgeschnittene Jeans zu tragen. Über Baumstämme zu balancieren und die Füße in den Bach zu halten. Interessiert den

Blutegeln zuzusehen und die Beine im richtigen Moment wegzuziehen. In solchen Momenten konnte Anna alles und sich selbst vergessen. Zeit spielte keine Rolle. Es war die Zeit vor dem Druck der Zeit. Es gab nichts außer dem Augenblick. Jeder Tag war ein neues Leben. Alles war aufregend, unfertig und offen. Das fällt Frau Moss ein, während sie auf ihre nackten Füße schaut.

O Gott, denkt sie, ich will das wieder fühlen!

Niemand ist da, der sagt, das geht nicht, wenn man erwachsen ist und Verantwortung trägt. Nur der Engel ist da und der schweigt. Er überlässt jetzt Gott das Wort.

»Geh«, sagt Gott zu Anna.

Plötzlich ist Anna wieder Frau Moss. Zurückverwandelt. Entsetzt sieht sie auf ihre Füße, sie dreht sich nach den Gleisen um, aber da ist nichts zu sehen. Der Zug ist abgefahren. Sie spürt Panik in sich aufsteigen, wohin soll sie denn gehen? Man kann schließlich nicht einfach aus seinem Leben aussteigen! Worauf Gott bemerkt, dass man für gewöhnlich auch aus keinem fahrenden Zug aussteigen könne und dennoch habe sie genau das eben getan. Weiterhin, dass sie möglicherweise gar nicht die Einzige sei, die die Sehnsucht verloren habe, und dass Anna den anderen ja behilflich sein könne beim Wiederfinden.

Nun hätte Frau Moss das vielleicht gekonnt, dafür gibt es Methoden und Seminare, die man buchen kann. Sicher würde sie auch entsprechende Literatur finden. Aber Anna? Anna ist doch nur ein Kind. Warum sollte jemand auf ein Kind hören?

Fliegen lernen

Gott sind diese Gedanken nicht neu. Er kennt Frau Moss und er kennt Anna. Deshalb hält er sich nicht mit Begründungen auf, sondern sagt schlicht: »Weil ich dich schicke.«

Anna würde das reichen, aber Frau Moss überzeugt es nicht. Gott ruft in ihr reichlich unkonkrete Vorstellungen hervor. Sie hat sich schon lange nicht mehr mit ihm beschäftigt. Ihr fehlt einfach die Zeit dafür. Auch die Notwendigkeit. Bevor Frau Moss jedoch etwas einwenden kann, fällt ihr Anna ins Wort. Sie fragt Gott: »Wie heißt du denn?«

»Ich werde sein«, sagt Gott.

Und Anna, die mit nichts weiter als ihren nackten Füßen und einer großen Sehnsucht auf einem Stoppelfeld steht, gefällt das. Weil Sehnsucht immer im Werden ist.

Mose hütete seine Schafe, da erschien ihm eines Tages der Engel Gottes in einer feurigen Flamme, die aus einem Dornbusch schlug. Als Gott sah, dass er hinging, sprach er: Tritt nicht näher, zieh deine Schuhe aus; denn der Ort, auf dem du stehst, ist heilig. Ich bin der Gott deiner Vorfahren, der Gott Abrahams und Sarahs. Ich habe das Elend meines Volks gesehen, ich erkenne ihre Not. Ich will dich zum Pharao senden, damit du mein Volk befreist. Mose fragte: Wer bin ich, dass ich das kann? Gott sprach: Ich will mit dir sein. Mose fragte: Wie ist dein Name? Und Gott sagte: Ich werde sein, der ich sein werde.

AUS 2. MOSE 3

Die Engel, die erden

»**Was glaubst du,** wo er hin ist?«

Ich gebe einen unbestimmten Laut von mir. Meine Stimme gehorcht mir nicht. Ich räuspere mich, frage: »Im Himmel?« Es klingt fast flehend.

Du guckst in die Wolken, angestrengt, bis dir der Nacken wehtut. »Wo soll das sein? Fliegen Schwalben da oben, kreisen Monde da oben. Schwebt er dazwischen?«

»Nee. Das wohl nicht.« Ich setze mich ins Gras, weil ich noch nicht zurück will. Obwohl es hier nichts mehr zu sehen gibt. Wie auf dem Friedhof. Wenn man nach der Beerdigung ins Grab schaut, obwohl man weiß: Da passiert nichts. Aber wo soll man sonst hingucken? So ähnlich fühlt sich das gerade an. Nur dass das hier keine Beerdigung ist. Eher eine Behimmelung. Gibt es das Wort?

Zuhause wartet der Abwasch. Die Mailbox speichert eine Nachricht. Es liegt noch Arbeit auf dem Schreibtisch, außerdem sollte ich die Blumen gießen. Ich habe sie vernachlässigt in den letzten Tagen.

An solche Sachen denke ich, während wir schweigen. Es ist kein gutes Schweigen, eher ein bedrücktes. Ich seufze. So kommen wir auch nicht weiter.

»Glaubst du wirklich, es gibt einen Himmel?«, fragst du und stützt dich auf. Ich höre, wie du zweifelst, aber den Strohhalm nicht wegwerfen willst. Ich will an einen Himmel glauben, denke ich. So wie ich auch an Gott glauben will, weil die Zwischenräume sonst so unendlich leer wären. Obwohl die Beweislage dünn ist. Das kann man nicht leugnen. Niemand konnte bisher seine Existenz belegen. Dabei haben es viele kluge Leute versucht. Gott schwieg auch dazu beharrlich. Das ärgert mich. Wenn ich länger darüber nachdenke, grolle ich Gott, von dem ich nicht weiß, ob ich an ihn glaube. Dass er nicht stärker um mich wirbt. Dass er nicht eindeutiger ist. Ihm scheint nicht so viel daran zu liegen, dass die Menschen von ihm überzeugt sind. Das kränkt mich irgendwie. Wobei es natürlich schizophren ist, sich von jemandem gekränkt zu fühlen, den es möglicherweise gar nicht gibt. Ich seufze schon wieder.

Fliegen lernen

Jedenfalls ist es beruhigend, in die Wolken zu schauen.

»Wenn es einen Himmel gäbe«, sagst du, »warum ist er dann soweit weg?« Du hast dich auf den Rücken gedreht, und ich tue es dir nach, und wir genießen das eine Weile bis uns schwindelig ist vom Ziehen der Wolken, die sich immer neu ineinanderschieben. Eine ständige Bewegung, nichts bleibt da oben, wie es ist. Den Himmel stelle ich mir eigentlich anders vor. Ruhiger. Ein Ort, an dem für immer alles gut ist. Wo man ohne Angst alles tun kann, aber nichts tun muss. Wo es überhaupt kein Müssen mehr gibt. Wo man nicht mehr traurig ist, wo nichts wehtut. Die bessere Erde.

Wenn ich weiterdenke, gibt es allerdings Probleme im Himmel. Zum Beispiel, wen man liebt. Wird die Jugendliebe dann doch noch in Erfüllung gehen? Und was ist, wenn sie inzwischen verheiratet war? Wird das dann ein glücklicher Dreier? Ich seufze ein drittes Mal, weil solche Fragen nirgendwohin führen. Außerdem will ich die Erfüllung nicht für den Himmel aufsparen.

»Man sieht ja auch keinen da oben«, sage ich. »Müsste man nicht die ganzen Gestorbenen sehen?«

»Nee«, sagst du, »das wäre ja komisch. Stell dir all die Toten vor, was da oben los wäre! Außerdem würde man dann bestimmt nur noch in die Luft gucken. Dann kriegst du ja vom Leben nichts mehr mit.«

»Wäre vielleicht nicht schlecht.« Ich denke an Kriege und doofe Nachbarn und solche Sachen. Aber du widersprichst: »Wozu gäbe es dann das Leben, wenn im

Himmel sowieso das bessere Dasein stattfindet? Dann könnte man sich das Erdenleben doch gleich schenken. Warum diese Extrarunde drehen?«

Stimmt auch wieder. Der Himmel als besserer Ort ist keine Lösung.

»Der Himmel ist mitten unter euch«, zitierst du. Natürlich kenne ich die Worte. Habe sie oft genug gehört. Sie gehen einem leicht von der Zunge, wenn die Erde ein guter Ort ist. Aber jetzt? Es ist einfacher, den besseren Ort in der Ferne zu lokalisieren. Dann bleibt Hoffnung. Dann kommt noch was.

»Vielleicht ist es wie mit den Wolken«, sagst du.

»Was meinst du?« Ich bin skeptisch, weil Vergleiche mit Wolken meistens kitschig enden.

»Wolken sind Wasser. Nur in anderer Form.«

»Und?«

»Wasser verdampft. Du siehst es nicht mehr, aber es ist trotzdem da. Vielleicht sind die Menschen im Himmel auch da. Nur in anderer Form.«

»Gasförmig?«

»Nimm es doch nicht so wörtlich. Wer sagt denn, dass das Sein an den Körper gebunden ist? Vielleicht existiert es auch ohne ihn. Dann braucht es keinen Himmel als Ort. Dann könnte es überall sein. Hier zum Beispiel, zwischen uns.«

»Was ist mit Gott? Wo ist der in deinem Konzept?«

»Dazwischen. Zwischen uns und zwischen dem Stein und dem Gras, zwischen zwei Molekülen und zwischen den Zeiten. Ich glaube, Gott ist überall dazwischen.«

Fliegen lernen

Ich schaue nach oben, weil ich den Himmel über mir ungern gehen lassen will. Er ist so blau, so weit, so weich. Ich glaube, dir geht es genauso. Die Sehnsucht wohnt verheißungsvoller in der Ferne. Wir können uns nicht losreißen.

Da treten zwei Weißgekleidete in unser Blickfeld. Sie fragen: »Was liegt ihr da und seht zum Himmel?«

Wir fühlen uns ertappt. Wir haben sie nicht kommen sehen. Aber wir wissen, was sie sagen wollen. Wir richten uns auf. Es ist Zeit, nach Hause zu gehen. Den Himmel nehmen wir mit. Worte haben wir, nicht Flügel. Die Weißgekleideten nicken zum Abschied. Woher sie wohl kommen?

Als Jesus auferstanden war und sich ihnen zeigte, fragten sie ihn: »Ist jetzt die Zeit gekommen, in der du das Reich Gottes wiederherstellst?«
Darauf antwortete Jesus: »Die Zeit dafür bestimmt allein Gott. Euch steht es nicht zu, sie zu wissen. Aber ihr werdet den Heiligen Geist empfangen und durch seine Kraft meine Zeugen sein überall auf der Erde.«
Nachdem er das gesagt hatte, wurde er vor ihren Augen in den Himmel emporgehoben. Eine Wolke verhüllte ihn, und sie sahen ihn nicht mehr.
Noch während sie gebannt zum Himmel schauten und Jesus nachblickten, standen auf einmal zwei Weißgekleidete bei ihnen: »Was steht ihr hier und starrt zum Himmel? Gott hat Jesus zu sich genommen; aber eines Tages wird er genauso zurückkehren, wie ihr ihn gerade habt gehen sehen.«

AUS APOSTELGESCHICHTE 1

Fliegen lernen

Der Engel rührt in einem großen Topf. Er hat sich eine Schürze umgebunden.
»Was tust du da?«
»Marmelade kochen.«
Tatsächlich duftet es nach Vanille. So sehr, dass ich an Grießbrei, gebrannte Mandeln, an Oma und an Badeschaum denken muss.
»Hast du denn nichts Wichtiges zu tun?«
Der Engel rührt ungerührt weiter. »Ich tue das Naheliegende. Die Erdbeeren waren reif.«

Der Engel, der eine Narbe hat (und nicht nur eine)

Der Engel ist ramponiert, als ich ihn treffe. Sein Haar ist angesengt. Über seine Wange zieht sich eine leuchtende Narbe. Sein Kleid ist zerrissen und seine Füße sind schmutzig. Er wirkt erschöpft. Aber er lächelt. Was für ein Engel, denke ich und frage, woher er kommt. In den Gasöfen sei er gewesen, sagt er. Auf den Scheiterhaufen, in den Kerkern und Folterkammern. Im Bombenhagel, hinabgestiegen in das Reich des Todes. Er setzt sich. »Entschuldige«, sagt er. »Ich bin müde.« Ehrfurchtsvoll mache ich ihm Platz. »Wie wird man so ein Engel?«

Fliegen lernen

»Man wird geschickt«, antwortet er, »wie alle Engel. Man fragt nicht.« Nicht alle habe er retten können. »Wenige«, setzt er hinterher, »zu wenige.«

Ob ihn das nicht resignieren lasse, frage ich.

»Nein«, sagt er. »Nein.« Er verstehe nicht, wer des Wunders würdig ist und verschont bleibe. Er hat aufgegeben, danach zu fragen, mehr noch, er hat die Frage vergessen. Bis eben, da ich sie wieder aufbrachte. »Die Menschen wollen Rettungsgeschichten«, sagt er. »Wenn Gott rettet, wollen sie glauben. Einmal reicht nicht. Gott muss immer retten. Gott muss zuverlässig immer alle retten. Wie eine Maschine.«

Jetzt wirkt er doch resigniert, und ich begehre auf, dass das doch ein gerechtfertigter Wunsch sei. Wozu ein Gott, wenn er nicht rettet?

»Gott kennt kein ›Wozu‹«, sagt er und ich bin erschüttert.

»Dann ist Gott sinnlos?«, frage ich.

»Nein, zwecklos«, sagt er.

Ich schaudere. »Aber die Bibel«, stammele ich. »All die Geschichten vom Wenn und Dann. ›Wenn du glaubst, wird Gott dich erretten‹ ›Wenn du Buße tust, gehört dir das Himmelreich‹. Was ist damit?«

Der Engel wirkt jetzt noch müder. »Menschenlogik«, sagt er. »Versuche, Gott als Handelspartner zu verdingen. Verträge abzuschließen. Garantien zu erwirken.«

»Aber was bleibt?«, rufe ich erschüttert.

»Freiheit«, sagt der Engel.

Wir lauschen dem Wort hinterher.

»Höre«, sagt der Engel. »Einmal traf ich drei Menschen. Ihre Namen vergaß ich, sie wechselten im Lauf der Jahrtausende ihre Gestalt und ihr Gesicht.«

»Also geschah sie nicht wirklich, die Geschichte, die du erzählst?«

»Im Gegenteil, sie geschah wieder und wieder. Sie wird wieder geschehen: Es lebte ein Herrscher, machtbesessen und grausam. Er wollte angebetet sein. Jedes Knie sollte sich vor ihm beugen, jeder Mund sollte sein Loblied singen. Er hatte sein eigenes Standbild errichtet, dass jederzeit von seiner Herrlichkeit künden sollte. Golden war es und himmelhoch. Die drei, von denen ich erzählen will, weigerten sich. Sie sagten: Niemanden würden sie anbeten außer Gott. Jemand verriet sie, so wie es immer einen gibt, der denunziert. Der Herrscher wurde zornig, als er das hörte. Er ließ die drei holen. Er beschloss, ihnen eine letzte Chance zu geben. Wenn sie jetzt niederfielen, würde er Milde walten lassen. Andernfalls würden sie bei lebendigem Leib verbrennen. Welcher Gott sie dann wohl retten könne, höhnte er. Aber er beeindruckte sie nicht. ›Wir haben es nicht nötig‹, antworteten sie, ›dir darauf zu antworten, dass Gott uns retten wird. Und wenn nicht, fügten sie hinzu, würden sie ihn trotzdem nicht verehren.

Und dann tat der eine, als sei er mit seinen Fingernägeln beschäftigt, unter denen sich etwas Schmutz fand und die anderen sahen dem Flug eines Mauerseglers hinterher. Als sei dies alles ein völlig belangloser Vorgang.

Fliegen lernen

Verstehst du, welch ungeheure Freiheit darin lag? Sie verzichteten darauf, sich auf das Spiel einzulassen. Sie benutzten Gott nicht als Einsatz. Sie forderten Gott nicht heraus, seine Macht zu zeigen. Sie sagten von vornherein: ›Wir werden trotzdem an dich glauben. Unabhängig von allem, was geschieht.‹«

»Aber warum?«, rufe ich abermals. »Warum dann überhaupt glauben, wenn es keine Rolle spielt, ob Gott eingreift?«

»Aus Liebe.«

Atemlos verstumme ich. Die Augen des Engels leuchten. »Verstehst du: Sie verweigern sich der Abhängigkeit. Sie verweigern sich dem Spiel.«

»Aber es ist kein Spiel«, rufe ich. »Sie werden sterben!«

»Ihre Freiheit wird leben.«

Ich schaudere.

»Was geschah?«

»Sie wurden ins Feuer geworfen. Es war so heiß, dass die Schergen, die sie hineinwarfen, selber starben. Niemand hätte in diesem Feuer überleben können. Aber sie gingen in den Flammen umher, als könnten sie ihnen nichts anhaben. Man erzählt sogar, sie sangen im Feuer. Ich stieg zu ihnen hinab.«

»Aber warum«, rufe ich, »zogst du sie nicht hinaus?«

Er schweigt. Möglich, dass es Unvermögen war. Möglich, dass er sein Unvermögen bedauert.

»Ich stieg zu ihnen hinab«, wiederholte er. »Ich blieb mit ihnen zusammen.«

»Überlebten sie?«, wage ich zu fragen. Ich halte den Atem an.

»Sie überlebten«, sagt er. »Das Wunder geschah. Andere überlebten nicht. Aber ich blieb mit ihnen zusammen. Mit allen. Keinen von ihnen verließ ich.«

Dann schweigt er, als sei damit alles gesagt.

König Nebukadnezar ließ ein goldenes Standbild machen und verkünden: »Sobald ihr den Klang der Hörner, Pfeifen und Zithern, der Harfen, Lauten und Sackpfeifen hört, sollt ihr niederfallen und dieses goldene Standbild verehren. Wer das nicht tut, wird in den glühenden Feuerofen geworfen.«

Und alle fielen nieder und verehrten es. Dem König aber wurde zugetragen: »Drei Männer, o König, missachten deinen Befehl: Deinen Göttern dienen sie nicht und das goldene Standbild wollen sie nicht verehren.«

Da befahl Nebukadnezar voll Zorn und Wut, sie herbeizuholen und sprach: »Verehrt ihr mein Standbild nicht, dann werdet ihr sofort ins Feuer geworfen. Welcher Gott könnte euch da noch retten?«

Die drei erwiderten: »Wir haben es nicht nötig, dir darauf zu antworten: Unser Gott kann uns retten. Er wird uns retten. Und wenn nicht, so sei dir gesagt, dass wir dein Standbild trotzdem nicht verehren werden.«

Da wurden die Männer in den glühenden Ofen geworfen.

Doch der König sprang auf und fragte: »Haben wir nicht drei Männer gefesselt ins Feuer geworfen? Aber ich sehe doch vier! Sie gehen frei in den Flammen umher und der vierte sieht aus wie ein Engel!«   **AUS DANIEL 3**

Der Engel, der albane Schuhe trägt

»**Du bist ein Bote,** hörst du? Nur ein Bote!« Gottes Stimme hat einen gereizten Unterton.

»Jaja, schon gut. Aber wenn er die Prüfung nicht besteht, dann habe ich gewonnen!«

Dass der Teufel dauernd gewinnen will, geht Gott gehörig auf den Sack* (*Übersetzungsfehler).

»Es geht überhaupt nie ums Gewinnen. Verstehst du das denn nicht?« Er bemüht sich, geduldig zu klingen und ruhig zu bleiben.

»Du gibst ihm die Chance, sich zu ordnen.«

»Hähä, schon verstanden! Ordnen …!« Der Teufel zwinkert verschwörerisch. »Gib es doch zu, du willst prüfen, ob er dir gehorcht. Er ist der Sohn des Höchsten, was gibt es da zu ordnen? Er beherrscht die Welt – Hauptgewinn!«

Gott seufzt. Normalerweise hat er Glück mit der Auswahl seiner Engel. Man kann auf sie zählen. Sie sind nicht da, um eigene Ziele zu verfolgen. Es geht nicht um sie. Sie haben eine Aufgabe: Worte in Person zu sein. Um Engel zu sein, muss man ein gewisses Maß an Demut mitbringen. Das liegt nicht jedem. Dieser hier zum Beispiel scheint ausgesprochen selbstverliebt zu sein. Allein die Unmengen an After-Shave, die er benutzt! Er scheint immer eine Wolke hinter sich her zu ziehen, die die unangenehme Assoziation von Schwefel weckt.

»Und eins noch«, zischt Gott. »Zieh diese albernen Schuhe aus. Die sehen aus wie Pferdefüße!«

Der Teufel trollt sich. Er ist überzeugt, dass der Allerhöchste ihn unterschätzt. Gewaltig unterschätzt. Er würde die Dinge ganz anders regeln. Man könnte was Großes aus dieser Erde machen, wenn man es nur richtig anpackt. Der Alte ist einfach nicht skrupellos genug. Dieses Gerede von Liebe. Von selbstloser Liebe! Das Leben ist ein Geschäft. Man muss den Leuten Belohnungen in Aussicht stellen. Dann tun sie alles.

Sei's drum, denkt er. Feierabend. Jetzt erstmal schön in die Sauna.

Gott sieht ihm nach. Hoffentlich geht das gut, denkt er. Hoffentlich geht das gut.

Mal gucken, was Jesus macht. Der Junge ist seit vierzig Tagen in der Wüste. Das hat sich bewährt. Später wird man das Auszeit nennen. Oder Retreat. Man wird Vollmondgymnastik dazubuchen können und viel Geld dafür zahlen. Aber soweit ist es noch nicht. Was soll Gott auch mit Geld?

Der Junge hat sich jedenfalls ganz gut gehalten. Er hat Hunger. Aber das ist nach vierzig Tagen wohl normal. Der Mensch muss essen.

Als der Teufel Jesus am nächsten Morgen findet, holt er erstmal eine Cola aus der Kühlung. Der Auftrag gefällt ihm nicht besonders. Die Hitze macht ihm ja nichts aus, aber der ganze Sand in den Schuhen! Er ist der festen Überzeugung, dass es sich bei diesem Aufenthalt um eine Strafe handelt. Warum sollte ein Mensch freiwillig vierzig Tage in glühender Hitze verbringen? Ohne Dusche? Er ist eben von eher schlichtem, vor allem aber bequemem Gemüt.

»Na, Alter? Ganz schön heiß hier, was?« Er nimmt einen großen Schluck Cola. »Was machst du denn für Sachen? Fasten und so. Das muss doch echt nicht sein. Du kannst doch ganz anders. Zeig mal, was in dir steckt. Diese Steine hier, die könntest du doch in einen ordentlichen Burger verwandeln. Cola dazu?«

Jesus sieht sich die sonderbare Gestalt von oben bis unten an. Mag sein, dass es daran liegt, dass er seit vierzig Tagen keine Menschenseele mehr gesehen hat – aber diese erscheint ihm doch sonderbar. Die Cola würde er ja gern nehmen, aber das andere? Als ob er ein Zauberer wäre! »Lass nur«, sagt er deshalb. »Der Mensch lebt ja nicht vom Brot allein. Und schon gar nicht von Burgern ...!« Er lacht und versucht, freundlich zu klingen. Der Teufel sieht ihn an, als sei er ein Alien. »Sondern? Wovon denn dann?«

»Von jedem Wort, das aus Gottes Mund kommt.«

»Verstehe. Ich Dummkopf, wie konnte ich das vergessen! Du bist eben ein spiritueller Mensch. Ach was, viel mehr. Du bist Gottes Sohn! Keine falsche Bescheidenheit, die Leute werden dir zu Füßen liegen. Es gibt so viele Scharlatane, eine Schande ist das. Du bist der Richtige für sie, dich werden sie anbeten! Lass mich dir einen Rat geben: Zeig ihnen, was du zu bieten hast. Halt mit deinen Wundern nicht hinterm Berg. Selbst die Engel werden dir dienen.« Der Teufel hat ihn zu einem Abhang geführt. »Wenn du dich hier hinabstürzt, werden die Engel dich auffangen. Sie werden dich tragen, dass du deinen Fuß nicht an einem Stein stößt. Steht es nicht so schon geschrieben?«

»Allerdings. Es steht aber auch geschrieben: ›Du sollst Gott nicht versuchen.‹ Und Schriftstellen aus dem Zusammenhang, reißen, sollst du auch nicht.«

»Verzeih«, sagt der Teufel zerknirscht. Er muss sich jetzt wirklich konzentrieren. Dauernd hat er Sand zwischen den Zähnen. »Ich bin einfach nicht so bewandert wie du.«

Sie schauen beide eine Weile in den Abgrund.

»Warum sollte ich mich denn hinabstürzen? Welchen Grund hätte ich?«

Der Teufel sieht ihn entgeistert an.

»Weil du es kannst!« Seit wann braucht man einen Grund, angebetet zu werden? Er legt den Arm um Jesus. »Schau«, sagt er väterlich, »in dir schlummern doch ganz andere Möglichkeiten. Es wäre doch ein Jammer – und ganz gewiss auch eine Sünde – deine Talente einfach so zu verschwenden. Du kannst Karriere machen. Ach was, du bist dazu bestimmt, Karriere zu machen! Was hast du denn hier in dieser Einöde zu suchen? Was du brauchst, ist eine Art Trainer. Einen Coach. Ich kann dir helfen, das Beste aus dir rauszuholen. Lass uns zusammenarbeiten. Denk doch mal, was alles vor dir liegt.« Und der Teufel zeigt ihm alle Reiche der Welt. »Du kannst sie beherrschen, wenn du mir vertraust.«

Die Worte klingen freundlich. Und auch der penetrante Geruch des After-Shaves ist verflogen. Jesus merkt auf einmal, wie erschöpft er ist. Er würde jetzt wirklich gern etwas essen. Oder wenigstens einen Schluck Cola trinken. Aber die Flasche ist mittlerweile leer. Was interessiert einen die Weltherrschaft, wenn man Hunger hat?

»Verschwinde«, murmelt er. »Du sollst Gott lieben. Das genügt.«

Dummkopf, denkt der Teufel kopfschüttelnd. Wie kann man solche Angebote ausschlagen? Grußlos verschwindet er, und es wird wieder still.

So, denkt Jesus. Jetzt könnte ich aber wirklich mal was zu essen gebrauchen.

Da kommen die Engel und bringen ihm Döner* (*Übersetzungsfehler) mit.

Der Geist Gottes führte Jesus in die Wüste, wo er vom Teufel auf die Probe gestellt werden sollte. Nachdem er vierzig Tage und Nächte gefastet hatte, war er hungrig.
Da trat der Teufel an ihn heran und sagte: »Wenn du Gottes Sohn bist, dann befiehl, dass diese Steine zu Brot werden!«
Jesus antwortete: »Es steht geschrieben: ›Der Mensch lebt nicht vom Brot allein; sondern von jedem Wort, das Gott spricht.‹«
Da stellte der Teufel ihn auf den höchsten Punkt des Tempels und sagte: »Wenn du Gottes Sohn bist, dann stürze dich hinab; denn in den Heiligen Schriften steht: Seine Engel werden dich auf Händen tragen, damit du deinen Fuß nicht an einen Stein stößt.‹«
Jesus antwortete: »Es heißt auch: ›Du sollst deinen Gott nicht herausfordern.‹«
Zuletzt führte der Teufel Jesus auf einen sehr hohen Berg, zeigte ihm alle Reiche der Welt und sagte: »Das alles will ich dir geben, wenn du mich anbetest.«
Jesus entgegnete ihm: »Weg mit dir, Satan! In den Heiligen Schriften heißt es: ›Bete allein Gott an und diene nur ihm.‹«
Da ließ der Teufel von Jesus ab, und Engel kamen und versorgten ihn.

AUS MATTHÄUS 4

Der Engel hat es heutzutage nicht leicht. Niemand soll mehr Diener sein müssen, gleiches Recht für alle. Ob es ihn nicht störe, immer nur auszuführen, was ein anderer sagt. Keine eigene Meinung zu haben, nie selbst zu entscheiden. Ob er sich nicht geknechtet fühle, eingeengt in seiner Selbstentfaltung? Als Individuum nicht beachtet, immer nur reduziert auf seine Botschaft? Ob er nicht manchmal ausbrechen will, sein eigener Chef sein, zumindest aber auf eine Gewerkschaft bestehen, mehr Mitspracherecht haben? Ob er nicht aufsteigen will, sich weiterentwickeln?
»Ich diene der Liebe«, sagt der Engel, »was könnte größer sein?«
Ich sehe das Erstaunen in seinen Augen und verstumme.

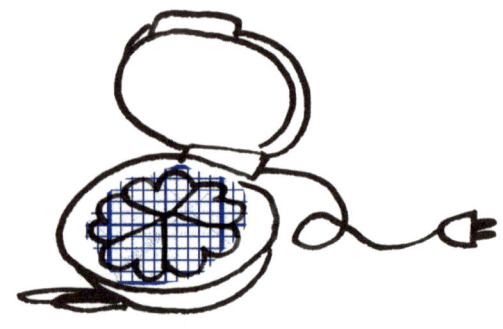

Der Engel, der das Licht anzündet

Es schneit seit sieben Stunden. Die Dächer des Dorfes haben dicke Mützen bekommen und die Wiesen eine weiße Decke. Gerda sieht hinaus. Sie mochte den Schnee immer. Neunundachtzig Winter hat sie diesen Blick geliebt: Die Wiese und der Bach, darüber die Brücke, auf der manchmal die Rotkehlchen spielen.

In diesem Jahr ist alles anders. Die Kinder werden gleich da sein, und es wäre längst Zeit, den Waffelteig zu rühren. Aber Gerda rührt sich nicht. Die Uhr tickt. Die Küche ist so leer ohne Emil. Alles ist so leer ohne ihn.

Gerda seufzt.

Die Tür geht, sie hört Stiefelgetrappel im Flur und dann steht Anneke in der Küche. Mit Manuel, der jetzt auch schon eine Freundin hat. Marie heißt sie.

»Ach Mutti«, sagt Anneke, weil ihr nichts Besseres einfällt, als sie Gerda sieht. »Muss ja weitergehen. Schau, ich hab Bienenstich mitgebracht.« Dann schiebt sie alle in die Stube und setzt den Kaffee auf.

Manuel war immer gern bei seinen Großeltern. Jetzt hält er es in dem stickigen Wohnzimmer kaum aus. Oma sagt fast nichts und wenn, dann klingt es, als spräche sie unter Wasser. Nach dem zweiten Stück Kuchen stiehlt er sich hinaus. Unschlüssig steht er im Bad und wäscht sich die Hände, dann öffnet er leise die Haustür. Erleichtert atmet er die kalte Luft. Es hat aufgehört zu schneien und er geht rüber zum Schuppen. Die Tür ist wie immer nicht abgeschlossen. Er schlüpft hinein. Sofort umgibt ihn Opas Geruch. Pfeife und Terpentin. Der Hammer hängt da, als würde er gleich zurückkommen. Manuel lässt sich auf den Hocker fallen. Auf dem Tisch liegt eine tote Fliege. Er schnippt sie auf den Boden. Da sieht er den Umschlag. Und den Zettel. Manuel zieht beides zu sich heran. »Für meine Gerda eine Lichtbrücke« steht dort in Opas akkurater Schrift. Darunter liegt eine Skizze. Merkwürdig, denkt Manuel. Was ist das?

Die Tür knarrt. »Hier steckst du ...« Marie kommt hinein und pustet warme Luft in ihre Hände. Manuel mag das. Sie beugt sich über ihn. »Was hast du da?« Manuel zuckt mit den Schultern. »Ich weiß es nicht. Mein Opa

Fliegen lernen

muss das gezeichnet haben.« »Sieht aus wie eine Brücke.« Tatsächlich, denkt Manuel. Es könnte die Brücke vorm Haus sein, über die Opa jeden Abend heimgekommen ist. Als kleiner Junge hat er mit Oma immer Ausschau nach ihm gehalten. ›Erst kommt der Hase nach Hause‹, hat Oma immer erzählt. ›Dann das Rotkehlchen. Und zum Schluss kommt der Opa.‹

»Was sich hier alles angesammelt hat ...«, staunt Marie. »So viele Schrauben, Blechdosen, Marmeladengläser – und schau, eine ganze Kiste voller Kerzenstummel.« Manuel nickt und murmelt: »Die Lichter eines ganzen Lebens.«

Als die beiden zurück ins Haus gehen, läuft ihnen Mutter entgegen. »Da seid ihr ja! Ihr könnt mich doch nicht einfach mit der Oma alleinlassen! Sie ist so bockig. Jetzt redet sie gar nicht mehr. Ich mache mir solche Sorgen. Sie hat sich einfach hingelegt und weigert sich, aufzustehen. Wir können doch nicht nach Hause fahren und sie so liegen lassen!«

Manuel setzt sich auf Opas Stuhl. Aber Oma sieht ihn nicht mal an. Wenn wir nur etwas tun könnten, denkt er. Aber ihm fällt auch nichts ein. Es beginnt langsam, dunkel zu werden.

»Die Kerzen«, flüstert Marie. »Man müsste einfach all die Kerzenstummel anzünden ...« Natürlich!, denkt Manuel. Die Lichtbrücke. Plötzlich weiß er, was zu tun ist. Was Opa getan hätte. Er zieht Marie mit sich in den Schuppen. »Hier, nimm die Kerzen, ich nehme die Kiste mit den Marmeladengläsern!« Dann gehen sie zum

Bach. An der Brücke erklärt Manuel Marie, was sie machen soll und läuft zurück.

»Kommt«, sagt er, »kommt alle ans Fenster!« Oma schüttelt den Kopf. »Tu es für mich«, bittet Manuel und weil Manuel, wenn er lächelt, ein bisschen wie Opa aussieht, steht Gerda tatsächlich auf. Dem Jungen zuliebe.

Zusammen stellen sie sich ans Fenster. Gerda blickt hinaus ins Dunkel. Da sieht sie das Licht. Erst eins. Ein zweites, dann ein drittes, immer mehr Lichter flackern in der Nacht, bis die ganze Brücke strahlt.

»Hier.« Manuel hält Oma den Brief entgegen. »Von Opa. Der lag im Schuppen.« Gerda nimmt den Umschlag. Ihre Hände zittern, als sie ihn öffnet. Sie liest: »Für das Licht meines Lebens. Damit du es nie vergisst: Weder Tod noch Dunkelheit können uns trennen …«

Gerda holt ihr Taschentuch raus, schnäuzt sich die Nase und wischt sich die Augen. Dann blinzelt sie. Erst glaubt sie nicht, was sie sieht: Über die Brücke kommen Leute. Sie erkennt die Nachbarn und Helge, den Bäcker und selbst Tante Irma vom anderen Ende des Dorfs. »Gerda!«, rufen sie, »wir haben das Licht gesehen! Was für eine wunderbare Idee!« Und plötzlich merkt Gerda, dass sie lächelt. Nein – sie strahlt, sie strahlt ihnen allen entgegen. »Kommt«, sagt sie zu Anneke und Manuel, »jetzt wird es aber wirklich Zeit, den Waffelteig zu rühren!«

Steh auf und werde licht; denn dein Licht kommt, das deine Finsternis erhellt. Gottes Glanz geht auf über dir wie die Sonne.

AUS JESAJA 60

Der Engel, der befreit

In letzter Sekunde kam der Engel.

Peter Simonsen ist sechsundvierzig Jahre alt. Den Fischladen der Eltern hat er hinter sich gelassen. Weil er Coach werden wollte. Was die Leute immer noch sonderlich finden, weil man das Wort kaum aussprechen kann und die Alten denken, er verkaufe jetzt Sofas. Wie man ein Sofa einem Fisch vorziehen kann, verstehen sie nicht. Wenn es Spitz auf Knopf steht, kann man auch auf einem Stuhl sitzen, während ein Fisch immer satt macht. Peter Simonsen hat es aufgegeben, sich zu erklä-

ren. Warum man wegzieht, muss man hier oben begründen und feststeht von vornherein: Es gibt keinen Grund. Wer ein Haus hat, gehört hierher. Peters Elternhaus steht seit einhundertsiebzehn Jahren hinterm Deich und der Liguster ist mittlerweile hoch genug, um den Wind zu brechen. Das Boot liegt im Hafen. Schollen wollen die Leute immer, besonders die Touristen. Schön mit Butter und Krabben obendrauf. Eine Schande, da einfach auszusteigen.

Vaters vorwurfsvolles Schweigen lässt Peter Simonsen bis heute nicht los.

Als kleiner Junge ist er immer mit raus aufs Meer. Da konnte er noch kaum laufen. Mit vollen Netzen sind sie zurückgekehrt. Er liebte die Gischt und den Wind. Angst hatte er nicht. Das war das Wichtigste, keine Angst zu haben. Aber Respekt. Den würde der Junge noch lernen, dachte der Vater. Bloß erstmal keine Angst haben, der Rest fügt sich. Der kleine Junge war so voller Bewunderung für den Vater, dass es schmerzt. Dass es heute noch schmerzt, daran zu denken. Wie konnte er ihn so enttäuschen?

Er hat ihn verlassen. Verraten hat er ihn und alles, was der Vater aufgebaut hat und weitergeben wollte. »Hast du nicht«, sagen die Freunde. Aber sie wissen nicht, wie es ist. Es gibt ein Foto von ihm mit viel zu großer Fischermütze. Da steht er vorm Boot und hält einen Kabeljau in die Kamera, größer als seine beiden Arme zusammen. Sein Haar ist zerzaust und die Hand des Vaters liegt auf seiner Schulter. Das Bild stand all die Jahre auf der Kommode in der Stube. Er weiß nicht, was damit geschehen ist.

Vater ist tot. Er könnte befreit sein. Aber er ist es nicht. Den Vater hat er beerdigt, aber seine Enttäuschung hat er nicht beerdigt. Sie hockt in seinem Zimmer und sieht ihn vorwurfsvoll an. Jeden Tag. Sie beherrscht ihn. Und er ist ganz klein und verzagt.

»Du bist verrückt«, sagen die Freunde und lachen. »Sieh dich an – du hast Erfolg! Du hast dir etwas Eigenes aufgebaut. Was kümmert dich die Vergangenheit?« Sie verstehen nichts. Ihre Eltern sind Lehrer und Rechtsanwältinnen und Therapeuten. Die wissen, was ein Coach ist.

Die Enttäuschung hat ihn in Ketten gelegt. Und die Schuld, so ganz genau kann er das nicht trennen. Sie bewacht ihn. Der Abstand zu den Freunden wird immer größer. Er geht immer seltener ans Telefon. Mails beantwortet er nicht. Niemand kann sich ihm nähern. Sie sind draußen. Jenseits der Mauer. Noch lassen sie nicht locker. Sie rufen an. Sie fragen, wie es ihm geht. Sie laden ihn ein. Die Freunde sorgen sich. Sie versuchen, ihn zu erreichen. Er ist sicher: Das wird aufhören. Die Enttäuschung hat gute Wachen. Vier zu seiner Rechten: Du hast ihn verraten. Du hast das Erbe deines Vaters verraten, flüstern sie. Vier zu seiner Linken: Wer hoch hinauswill, wird tief fallen. Sieh, wohin das führt, flüstern sie. Vier in seinem Rücken: Was du bist, verdankst du ihm. Hast du das vergessen? Vier vor seinem Angesicht: Was glaubst du, wer du bist? Nichts, als ein kleiner Fischer.

Fliegen lernen

Die Freunde sind in großer Sorge um ihn. Wenn man nur etwas tun könnte. Wenn sie nur helfen könnten. Aber sie dringen nicht zu ihm vor. Und weil sie wenig Erfahrung damit haben, wie man einen Gefangenen befreit, bleibt nur Hoffen und Beten. Das ist nicht viel. Aber besser als nichts.

Am Vorabend seines siebenundvierzigsten Geburtstags ist Peter Simonsen allein. Er will nicht feiern. Er wüsste nicht, was. In der Wohnung ist es dunkel. Er liegt auf dem Sofa und schaut in die Schwärze. Sie ist überwältigend. In diesem Moment kommt es ihm vor, als würde er sich nie mehr bewegen können. Niemals mehr. Er schließt die Augen. Wahrscheinlich schläft er ein.

Als der Engel in seine Gedanken tritt, wird es hell. Das ist das erste, was geschieht: dass es hell wird. Dann stößt der Engel ihn in die Seite. Es ist ein heftiger Stoß. Er scheint nicht zimperlich zu sein. »Wach auf«, ruft er. »Komm zu dir!« Peter will gar nicht zu sich kommen, aber er blinzelt trotzdem. Der Stoß tat weh.

»Steh auf«, sagt der Engel und es klingt wie ein Befehl. Peter will ihm die Wachen zeigen, er will ihm zeigen, dass er unmöglich aufstehen kann. Aber verwundert stellt er fest, dass sie schlafen. Dass die Stimmen schweigen. Er nähert sich ihnen vorsichtig, aber: Nichts. Keine Regung. Da fallen die Ketten von ihm ab.

»Zieh deine Schuhe an«, befiehlt der Engel. »Wird Zeit, dass du hier rauskommst.«

»Aber«, sagt Peter.

»Nichts aber«, sagt der Engel.

Da steht Peter auf. Der Engel sieht ihm geduldig zu. »Den Mantel«, erinnert ihn der Engel. »Nimm den Mantel. Der schützt dich.«

Mantel, denkt Peter. Mantel ist gut.

»Und jetzt folge mir.«

Peter blickt sich um. Von der Enttäuschung keine Spur. Hat sie sich versteckt? Für gewöhnlich lauert sie immer irgendwo.

»Lass sie«, sagt der Engel. »Wir gehen jetzt raus. Ins Leben.«

Peter stolpert aus seiner Gefangenschaft. Er weiß nicht, wie ihm geschieht. Er weiß nicht, ob er wacht oder träumt. Das eiserne Tor der Schuld öffnet sich. Der Engel führt ihn hinaus. Niemand stellt sich ihnen entgegen. Nicht mal der Vater.

Es ist fünf Uhr morgens. Peter Simonsen schlägt die Augen auf. Es ist hell. Die Vögel erwarten ihn. Der Engel ist verschwunden. Ist das wahr, denkt er oder habe ich geträumt?

Er weiß es nicht. Er weiß nur: Er ist frei.

Wie das zugegangen ist, kann er keinem erklären.

Er weiß nur: Jemand hat das Licht angemacht.

Als Petrus ins Gefängnis geworfen wurde, betete die Gemeinde ohne Aufhören für ihn.
In der Nacht vor dem Prozess schlief Petrus zwischen zwei Soldaten, mit zwei Ketten gefesselt, vor der Tür bewachten zwei weitere Wachen das Gefängnis.
Plötzlich betrat ein Engel Gottes die Zelle und Licht erfüllte den Raum. Er stieß Petrus in die Seite und weckte ihn: »Steh auf!« Und die Ketten fielen von seinen Händen. Der Engel sagte: »Gürte dich und zieh deine Schuhe an!« Und er tat es. Der Engel sagte: »Wirf deinen Mantel um und folge mir!«
Da ging er hinaus und folgte ihm, aber wusste nicht, dass all dies wirklich geschah, sondern meinte zu träumen. Sie gingen durch die erste und zweite Wache. Das eiserne Tor tat sich ihnen von selber auf. Und sie traten hinaus und gingen eine Gasse weiter, da verließ ihn der Engel.

AUS APOSTELGESCHICHTE 12

Als ich den Engel des Verzichts treffe, wundere ich mich. Er hat Flügel. Entgegen landläufiger Meinung ist er der Vergnügteste von allen. Er ist leichtfüßig. Seine Koffer hat er unterwegs verloren. Er weiß nichts besser. Was er sagen wollte, hat er vergessen. Den Eiligen lässt er den Vortritt. Den Ehrgeizigen räumt er den Weg. Der Engel des Verzichts nimmt niemandem etwas weg. Auch keine Illusion. Er ist frei. Nicht mal an der Freiheit hält er fest.

Der Engel, der Gott erlöst

Einst hatte Gott hundert Namen. Ein einziger Name reichte nicht, Gott zu beschreiben. Möglich, dass es auch hundert mal hundert Namen waren. Einer der Namen war Gehorsam. Ein anderer war Liebe. Beides waren Seiten Gottes, aber sie rangen miteinander.

In dieser Zeit ging ein Mann über die Erde. Er war fromm. Er glaubt an den Gehorsam. Da kann man nichts falsch machen. In einer Juninacht erwachte der Mann aus dem Schlaf, denn er hörte eine Stimme: »Geh«, sagte sie, »nimm deinen Sohn, den einzigen, den du liebhast und opfere ihn mir. Denn ich bin dein Gott. Zeig mir, das nichts und niemand wichtiger ist.« Nun hatte der Mann das schon oft gezeigt. Eigentlich bedurfte es keiner weiteren Prüfung. Und dennoch widersprach der Mann nicht. Die Stimme des Gehorsams war laut in der Stille der Nacht. Ob die Liebe Einspruch erhob, wissen wir nicht. Wenn, dann wurde sie nicht gehört.

Der Mann stand auf. Er nahm das Holz, er nahm das Feuer, er nahm das Messer, er nahm den Sohn. (Es war übrigens nicht der Einzige. Aber den anderen, den Ersten, den hatte er bereits in die Wüste geschickt. Der Mann war geübt, zu gehorchen.)

Er rief seine Knechte herbei. »Wir werden Gott ein Opfer bringen«, sagte er. »An einem Ort, den er uns zeigen wird.« Mehr sagte er nicht. Wahrscheinlich dachte er: Mehr ist nicht zu sagen.

Also gingen sie los. Hatte der Mann sich verabschiedet von seiner Frau? Hatte er ihr gesagt, wohin sie gingen? Hatte es Streit gegeben? Wir wissen es nicht. Wir wissen nur: Sie gingen nebeneinander her. Der Mann, der Esel, die Knechte, der Sohn. Ob sie sprachen, ist nicht überliefert. Gut möglich, dass sie schwiegen. Gehorsam braucht nicht viele Worte. Sie stören nur.

Am dritten Tag sah der Mann den Ort für sein Opfer. Es war der Berg, der vor ihnen lag. »Bleibt«, sagte er zu den Knechten, »wir gehen allein hinauf.« Dem Sohn lud er das Holz auf. Er selbst nahm das Feuer und das Messer. Nun waren sie nur noch zu zweit, zwischen ihnen ging der Gehorsam.

Fliegen lernen

»Vater«, sagte der Sohn nach einer Weile, »wir haben Holz und wir haben Feuer. Wo ist das Tier für das Brandopfer?« Der Gehorsam mag keine Fragen. Das wusste der Mann. Man muss ihm vertrauen. Und wenn man das nicht kann, dann muss man ihm folgen. Deshalb antwortete er: »Gott wird es aussuchen.« Und der Gehorsam nickte.

Sie erreichten das Ende des Weges. Da standen sie, der Vater und der Sohn. Das Holz luden sie ab. Der Himmel war hoch, der Wind pfiff. Wacholderbüsche streckten ihre Nadeln aus. Der Vater sammelte wortlos Steine und baute einen Altar. Sorgfältig schichtete er das Holz. Kein Laut war zu hören, schweigend verrichtete er sein Werk. Möglich, dass er litt. Wir wissen es nicht. Gehorsam lässt keinen Platz für Gefühle. Dann nahm er den Sohn, fesselte ihn und legte ihn auf den Altar. Jetzt, denken wir, jetzt ist der letzte Moment, in dem du deine Prüfung noch bestehen kannst. Widersprich. Widersprich im Namen der Liebe. Niemals darfst du sie opfern, auch nicht dem Gehorsam. Aber der Mann widersprach nicht. Er griff nach dem Messer, um den Sohn zu schlachten. Blitzte das Metall in der Sonne? Zerteilte ein Schrei die Stille? Ein Aufschluchzen? Wir hören nichts. Es bleibt gespenstisch still.

Dies ist der Moment, in dem der Engel es nicht mehr erträgt. Er ist mitgegangen. Der Staub des Weges haftet an seinen Füßen. Jetzt fährt er dem Mann ins Messer. Er ruft seinen Namen, laut ruft er ihn. Der Mann schaut auf und erwacht. Wie aus einem bösen Traum erwacht der

Mann. »Fass den Jungen nicht an. Tu ihm nichts. Ich bin der Engel der Liebe und ich sage dir: Du sollst nicht töten, was du liebst. Du sollst lieben, was du liebst.«

Der Mann lässt das Messer sinken. Ein für alle Mal. Der Mann ist erlöst. Gott ist erlöst. Die Liebe ist die Größte von allen. Ein für alle Mal.

Und es geschah eines Tages, da prüfte Gott Abraham: »Nimm deinen Sohn, deinen einzigen, den du lieb hast und bringe ihn mir zum Brandopfer!«
Da stand Abraham auf und sattelte seinen Esel. Er spaltete Holz, nahm zwei Knechte mit sich und seinen Sohn Isaak und machte sich auf. Am dritten Tag ließ er die Knechte zurück, legte das Holz auf seinen Sohn und nahm selber das Feuer und das Messer in seine Hand. Da fragte Isaak: »Hier ist Feuer und Holz; wo ist das Brandopfer?«
Abraham antwortete: »Mein Sohn, Gott wird für ein Brandopfer sorgen.« Als sie an den Ort kamen, den Gott ihm genannt hatte, baute Abraham einen Altar und schichtete das Holz darauf. Er fesselte Isaak und legte ihn oben auf das Holz. Dann fasste Abraham das Messer, um seinen Sohn zu schlachten.
Da schrie der Engel Gottes vom Himmel: »Abraham! Abraham! Lege deine Hand nicht an den Knaben und tue ihm nichts!«

AUS 1. MOSE 22

Der Engel, der die Jungs in der Hirtenklause besucht

Hubert ist nicht so für Übersinnliches zu haben. Alles Killefitz, findet er, und dass man auf dem Boden der Tatsachen ganz gut steht. Was es für einen Hokuspokus gibt heutzutage. Die Heike zum Beispiel, die nimmt Miesmuschelpillen gegen ihre schlechte Laune. Das hat sie in einer ihren Frauenzeitschriften gelesen, da war eine Anzeige drin. Als Hubert seine Zweifel äußerte, hat die Heike ihn angeschnauzt, er sei halt für nichts offen, das über seinen Spatzenhorizont hinausgeht. Da hat Hubert angemerkt, dass manche Spatzen bis zu zweitau-

Fliegen lernen

send Kilometer weit fliegen können. Das sei doch ein recht weiter Horizont. Das hat Heikes Laune nicht gerade verbessert. Trotz der Pillen. »Lass sie doch«, hat Rolf gesagt. »Solange sie nicht schaden. Und ein Vermögen werden die Dinger doch auch nicht kosten, oder?« Womit er natürlich Recht hatte. Außerdem soll Frieden sein, so kurz vor Weihnachten – darauf noch eine Runde! Und Elli hat allen nochmal eingeschenkt. Prost! Die Karten neu gemischt, der Plastikbaum blinkt gemütlich rot und blau und dann muss Hubert auch schon wieder lachen, weil zu Hause so ein Ding unmöglich wäre. Da gibt es nur Natur. Aber Natur blinkt eben nicht so schön.

Die Jungs treffen sich jetzt schon seit siebenundzwanzig Jahren in der Hirtenklause. Genau genommen sind sie natürlich keine Jungs mehr, aber das sieht keiner so eng. Sind doch alle wie eine große Familie und die Elli passt auf, wenn einer genug hat. Außerdem brät sie die besten Frikadellen, pur mit Senf ohne Salat und so'n Tüdelü.

»Ich geh mal raus, eine schmöken«, sagt Hubert. Früher musste dafür keiner raus, da haben alle geraucht. Aber mittlerweile ist er der Einzige. Allein ist das nicht so gemütlich, und ziemlich frisch ist es auch draußen. Hubert nimmt einen tiefen Zug.

Da sieht er den Engel.

Wie der denn ausgesehen hat, fragen ihn die anderen später.

»Weiß nicht«, sagt Hubert dann. »Ganz normal halt.«

»Und was hatte der an?«

»Keine Ahnung. Hab ich nicht drauf geachtet.«

»Mensch Hubert«, sagt die Elli, »irgendwas musst du doch gesehen haben. Hatte der wenigstens Flügel?«

»Nee«, sagt Hubert, »Flügel hatte der nicht. Das wär mir aufgefallen.«

»Woher willst du dann wissen, dass das ein Engel war?«

Und da sagt der Hubert: »Weil der so geleuchtet hat. Geradezu gestrahlt. Ganz hell war es um den herum.«

Das wird er später sagen, aber jetzt ist es erstmal der Engel, der etwas sagt, nämlich: »Fürchte dich nicht!«

»Hä?«, fragt der Hubert. »Ich fürchte mich doch nicht!« Obwohl er sich schon erschrocken hat.

»Tust du doch!«, sagt der Engel.

»Tu ich nicht«, sagt der Hubert.

»Ach, und was ist mit deinen Reden über den Terror? Dass man nirgends mehr sicher ist?«

»Ach das …, ja …«

»Und dass man bald keinem mehr trauen kann, schon gar nicht den Banken? Dass das alles Betrüger sind und man sein Geld am besten unter der Matratze versteckt?«

»Ja schon, aber …«

»Und das Wetter? Dass jetzt immer öfter Sturm ist und der Klimawandel alles kaputt macht?«

»Stimmt doch auch!«

»Ihr aber trotzdem alle mit euren SUVs durch die Gegend fahrt, als wärt ihr im australischen Outback?«

»Ist halt praktisch … und die Amis, die sind viel schlimmer!«

Fliegen lernen

»Und was ist mit deiner Angst, die Heike könnte vor dir sterben und dann säßest du ganz allein da und hättest keinen, der sich um dich kümmert?«

»Woher weißt du das?« Das kommt dem Hubert jetzt doch komisch vor. Weil, darüber redet er sonst nicht.

»Fürchtet euch nicht«, sagt der Engel noch einmal, »euch ist heute der Retter geboren!«

»Wie jetzt, was denn für ein Retter?«

»Ein Kind, in Windeln gewickelt.«

»Hä? Was soll das denn für ein Retter sein? Bis der soweit ist, bin ich doch schon unter der Erde!«

Der Engel wird langsam ungeduldig. Ein bisschen mehr feierlichen Ernst fände er angebracht. Aber der Hubert raucht seine Zigarette zu Ende, dann fragt er: »Und was soll ich jetzt tun?«

»Du gehst jetzt zu den anderen und erzählst ihnen davon. Und dann sucht ihr das Kind. Ehre sei Gott in der Höhe und Frieden auf Erden bei den Menschen seines Wohlgefallens!«

»Okay«, sagt Hubert, obwohl er das Ende nicht so richtig mitgekriegt hat.

Und so kommt es, dass die Jungs losziehen und ein Neugeborenes suchen und wahrscheinlich hätten sie das nie gefunden, wenn die Elli nicht mitgegangen wäre. Denn die weiß natürlich, wer gerade noch schwanger gewesen ist.

Weswegen sie dann auch bei Davids Maria in die Stube stolpern, obwohl die doch gerade erst siebzehn ist. Der pickelige Vater steht schüchtern hinter ihr. Dem hat es wahrscheinlich die Sprache verschlagen. In Marias Arm aber, da liegt tatsächlich so ein winziger Kerl und macht schmatzende Geräusche und greift mit seinen winzigen Fingerchen in die Luft, dass Hubert selber glucksen muss. Weil das so niedlich aussieht. Sie stehen alle eine Weile da und wissen nicht, was sie sagen sollen und vergessen die Zeit und das Bier, das bestimmt längst schal geworden ist und Hubert denkt plötzlich, dass so ein kleiner Wurm doch noch nichts weiß, nichts von so Sachen wie dem Klimawandel, nichts von irgendwelchen Verbrechern, nichts von Mord und Totschlag und all so 'nem Scheiß. Dass der vor sowas ja noch überhaupt keine Angst haben kann, weil er eben nicht davon weiß. Und wenn man so ein Baby anguckt, dann vergisst man das selbst für einen Moment. Das ist ein schönes Gefühl. Und wie sie alle dastehen, da erzählt Hubert von dem Engel und wie der immer wieder gesagt hat »Fürchtet euch nicht!«. Da ist so ein Glanz in Huberts Gesicht, dass die anderen ihn nicht wiedererkennen. In dieser Nacht ist Hubert selbst zum Engel geworden. In seiner abgewetzten Latzhose und dem ollen Pullunder über'm Bauch.

Der Engel Gottes trat zu ihnen, und die Klarheit des Höchsten leuchtete um sie und sie fürchteten sich sehr.
Und der Engel sagte: Fürchtet euch nicht! Ich verkündige euch große Freude, denn euch ist heute der Heiland geboren, welcher ist Christus, in der Stadt Davids. Ihr werdet das Kind in Windeln finden und in einer Krippe liegen. Und die Menge der himmlischen Heerscharen lobte Gott und sprach: Ehre sei Gott in der Höhe und Friede auf Erden bei den Menschen seines Wohlgefallens.
Da sagten die Hirten untereinander: Lasst uns nach Bethlehem gehen und die Geschichte sehen, die da geschehen ist. Und sie fanden beide, Maria und Josef, und das Kind in der Krippe liegen. Als sie es gesehen hatten, erzählten sie weiter, was der Engel gesagt hatte. Und alle, die es hörten, wunderten sich sehr.

AUS LUKAS 2

Als wir erbittert stritten – worüber, habe ich vergessen, vielleicht war es die Butter, die nicht in den Kühlschrank gehört, möglich auch, dass es um Größeres ging, sicher kam das Wort »immer« vor; als wir jedenfalls erbittert stritten, stellte sich der Engel zwischen uns. Da verstummten wir. Wir brachten es nicht über uns, einen Engel anzuschreien.

Der Engel, der sich in den Weg stellt

In einer Zeit lange nach den Großen Kriegen, als die Welt aufgeklärt war und das Sonnensystem vermessen, da lebte ein Volk, das nannte sich besorgt. Es wollte, dass alles so bleibt, wie es nie war. Das Neue war ihm zuwider, dem Zeitgeist misstraute es, die Anderen verfluchte es aus Angst, sie könnten das besorgte Volk verschlingen. Die Schwulen, die Feministinnen, die Patchworkfamilien, die Transsexuellen, die Ungläubigen, sie waren ihm ein Greul. Sie lauerten in seinen Augen überall: Von den Straßen der großen Städte hatten sie mittlerweile die Dörfer erreicht. Im Fernsehen tauchten sie auf, in den Kirchen predigten sie, nicht mal die Kinder blieben in den Schulen verschont. Niemand könne sich ihnen entziehen, mahnte das besorgte Volk, bald würden sie die Seelen aller Menschen in ihrer Gewalt haben mit ihrer Gleichmacherei und allem anderen Möglichen. Das besorgte Volk war zornig in seiner Angst und die Anführer berieten nervös, was zu tun sei. Sie fischten Anhänger in den digitalen Netzen. Auf den Straßen demonstrierten sie. Sie protestierten gegen die widernatürliche Sexualkunde an den Schulen. Sie priesen Vatermutterunddreikinder. Sie prophezeiten den Untergang der Welt, zumindest aber des Abendlandes.

Die Anderen kümmerte das wenig. Sie sonnten sich in Eiscafés. Mit ihren Kindern schaukelten sie auf den Spielplätzen. Frauen küssten einander, ohne dass sie die Erde verschlang. Sie stritten und vertrugen sich. Sie kauften Blumenkohl und planten den Herbsturlaub. Unter ihnen waren Steuerbetrüger und Langweilerinnen, wie unter allen Menschen der großen weiten Erde. Einige zogen aufs Land, sie heirateten in Weiß, sie träumten Allerweltsträume und lasen die Tageszeitung, manche schafften sich einen Hund an. Ein Transvestit wurde zum Bischof gewählt, die Sonne ging auf, die Sonne ging unter und das Leben nahm seinen Lauf.

Das besorgte Volk beschloss einen zu holen, der fluchen konnte. Einen, der die Seelen bewegt. Gehört hatte es von einem, der hieß Liam. Auf seiner Homepage nannte er sich einen Propheten. Nach ihm wurde geschickt.

Fliegen lernen

»Höre«, sagten die Boten, »wir brauchen dich. Die Zeiten sind schlimm. Die neuen Ideologen bedrohen uns. Verfluche sie und jage sie davon!«

Liam war ein charismatischer Mann. Und auch ein gläubiger. Er antwortete: »Ich will hören, was Gott dazu sagt.« Das fanden die Boten insgeheim überflüssig, weil Gottes Meinung bekanntlich feststand. Aber Gott sagte zu ihrer Überraschung: »Nein. Niemand wird verflucht. Diese Leute gehören zu mir.« Das musste ein Missverständnis sein. Konnte Gott so irren?

»Tut mir leid«, sagte Liam und die Boten zogen davon. Doch es wurden andere geschickt, diesmal waren es die Anführer des besorgten Volkes. Es waren: Ein emeritierter Prediger, ein Lebensschützer und ein mittelständischer Unternehmer. »Überleg es dir noch einmal«, baten sie. »Sprich für die richtige Sache.« Und sie ließen keinen Zweifel, dass der Lohn reichlich sein würde.

»Es geht nicht«, sagte Liam, »selbst wenn das Honorar fürstlich wäre, kann ich nur reden, was Gott mir in den Mund legt«, und er rechnete kurz bedauernd nach. »Aber vielleicht«, fügte er dann hinzu, »hat Gott seine Meinung ja geändert. Ich will noch einmal in mich gehen und hören, ob Gott nicht noch etwas anderes sagt.«

Und siehe da: Gott sandte ihn los. Da waren die Männer erleichtert und schickten sich an, eine große Schau zu veranstalten.

Liam aber machte sich auf und setzte sich in den Zug, um in der Ferne eine Rede zu halten voller Fluch und

Verderben. Doch kaum war der Zug gestartet, da hielt er plötzlich auf freier Strecke. Liam konnte kein Hindernis ausmachen und er beschwerte sich beim Zugpersonal, warum es nicht weitergehe. Da setzte sich wie durch Zauberhand der Zug in Bewegung. Doch schon nach wenigen Minuten hielt er ein weiteres Mal. Wieder war nichts zu sehen, jedenfalls aus Liams eingeschränkter Sicht. Diesmal schrie er, was das denn für ein Saftladen sei und andere unschöne Dinge. Tatsächlich fuhr der Zug wieder an. Allerdings nur, um wenige Minuten später ein drittes Mal zu halten, was Liam toben ließ. Diesmal meldete eine Ansage »unbekannte Personen im Gleisbett«. (Später hieß es, es habe sich um einen Engel gehandelt.) Liam ließ sich resigniert in seinen Sitz fallen und starrte aus dem Fenster, aber es gab nichts zu sehen. Der Zug befand sich in einem Tunnel. Das Einzige, das Liam in der Scheibe ausmachen konnte, war sein eigenes Gesicht. »Du bist ein Esel«, schien es zu sagen. »Was hast du da für einen Auftrag angenommen? Du weißt, dass er falsch ist.« Ich kann umkehren, dachte Liam plötzlich. Es schien ihm die einzige Möglichkeit zu sein. Am nächsten Bahnhof steige ich aus und fahre zurück. »Der Zug ist abgefahren«, sagte das Gesicht. Er würde auf das Podium steigen, er würde reden. »Aber nur, was Gott dir eingibt.«

Auf dem Marktplatz war die Bühne aufgebaut. Die Sonne schien und etliche Menschen hatten sich eingefunden. Sie hielten Luftballons auf denen »NEIN zum Genderwahn« stand. Genderwahn war ein langes Wort und deshalb klein gedruckt. Man konnte eigentlich nur

Fliegen lernen

das NEIN gut lesen. Eine Band spielte und Bockwürste gab es auch. Das besorgte Volk feierte ein Fest. Als Liam eintraf, wurde er von dem Anführer begrüßt. »Herzlich willkommen, da sind Sie ja! Ich freue mich sehr, Sie in unserem schönen Städtchen begrüßen zu dürfen. Ich hatte schon Sorge, Sie würden nicht kommen. Mein Lieber, ich muss schon sagen, zweifelten Sie daran, dass wir Ihnen ein großes Podium bieten können?«

»Nein, das nicht«, beschwichtigte Liam. »Aber sagen kann ich nur, was Gott mir in den Mund legt.«

»Was sonst, mein Lieber? Lassen Sie uns für das Gelingen unserer Veranstaltung beten.«

Sie wurde ein Desaster. Die Veranstaltung wurde zum Gegenteil dessen, was das besorgte Volk hören wollte. Liam kam kein Fluch über die Lippen. Er wusste nicht, wie ihm geschah. Die Worte schienen sich selbstständig zu machen in seinem Mund. »Ich bin vom besorgten Volk geholt worden, damit ich die Anderen verfluche. Aber ich sehe sie in den Cafés sitzen, ich sehe sie mit ihren Kindern spielen. Ich sehe die Sonne in ihrem Gesicht, ich sehe sie küssen, lieben, träumen. Wie könnte ich verfluchen, was Gott nicht verflucht?«

Dem Anführer war alle Farbe aus dem Gesicht gewichen. Er erwartete eine Pointe, eine Wendung, die dies alles als Ironie entlarvte und den Fluch umso stärker machte. Aber es kam nichts. Er scheuchte die Band auf die Bühne, dass sie spielen möge und stürmte zu Liam. »Sind Sie verrückt? Ich habe Sie geholt, um jenen die Leviten zu lesen und jetzt preisen Sie sie?«

»Es tut mir leid«, sagte Liam ehrlich zerknirscht. Auftrag war Auftrag und diesen hatte er nicht erfüllt.

»Reißen Sie sich zusammen, Mann. Weiter geht's, jetzt aber richtig!«

Liam stieg zurück auf die Bühne und nahm das Mikro in die Hand. Er konzentrierte sich auf die Wut des besorgten Volkes und sprach: »Gott will segnen und nicht fluchen. Gott will lieben und nicht hassen. Gott will Gutes und nicht Böses.«

Das besorgte Volk wusste nicht, wie ihm geschah. Was war das für ein Mann, dessen Worte so gar nicht zornig klangen, sondern sanft? Wo war der Fluch? Wo war der Hass?

Da setzte Liam ein drittes Mal an: »Einträchtig sollen wir beieinander wohnen. Freundlich sollen unsere Worte sein. Unsere Herzen sollen füreinander das Beste wollen und keiner soll den anderen verdammen. Denn Gott ist die Liebe und die Liebe ist die Einzige, die zählt.«

Dann stieg Liam von der Bühne hinunter, denn mehr hatte er nicht zu sagen. Auf der Heimfahrt sah er im Fenster sein Gesicht lächeln.

(Die Personen und die Handlung sind frei erfunden. Etwaige Ähnlichkeiten mit biblischen oder tatsächlichen Begebenheiten oder biblischen oder lebenden Personen wären reinzufällig.)
Es kamen Boten zu Bileam, um ihn herbeizurufen, damit er die Menschen verfluche. Aber Gott war zornig, dass er mitging. Bileam ritt auf

Fliegen lernen

seiner Eselin, als sich ihm der Engel Gottes entgegenstellte. Die Eselin sah den Engel auf dem Weg stehen mit einem Schwert in seiner Hand. Sie wich aus und Bileam schlug sie, um sie wieder auf den Weg zu bringen. Da trat der Engel auf den Pfad, wo auf beiden Seiten Mauern waren. Als die Eselin den Engel sah, drängte sie sich an die Mauer und klemmte Bileams Fuß ein, und er schlug sie noch mehr. Da trat der Engel an eine enge Stelle, wo kein Platz mehr zum Auszuweichen war. Da fiel die Eselin auf die Knie. Bileam wurde so wütend, dass er sie noch härter schlug. Da öffnete Gott der Eselin den Mund, und sie sprach zu Bileam: Was habe ich dir getan, dass du mich nun dreimal geschlagen hast?

Da öffnete Gott Bileam die Augen, dass er den Engel mit dem Schwert auf dem Wege stehen sah, und er sagte:

Ich bin auf dem falschen Weg. Wenn du willst, kehre ich um. Der Engel erwiderte aber: Geh weiter, aber sag nur, was ich dir auftrage.

Und Bileam konnte nicht anders als zu segnen anstatt zu fluchen.

AUS 4. MOSE 22–24

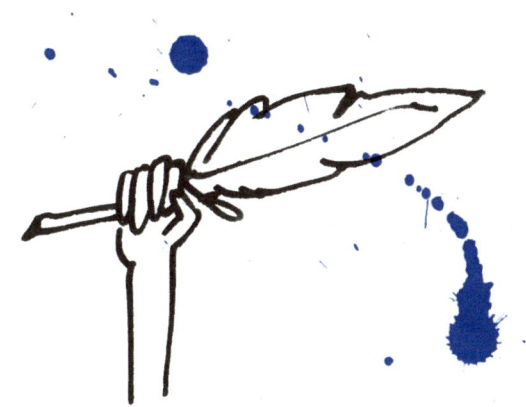

Der Engel, der es mit Ungeheuern aufnimmt

Einmal träumte ich, träumte einen sonderbaren Traum: Ich war eine Frau, mit der Sonne bekleidet, der Mond unter meinen Füßen und Sterne auf meinem Haupt.

So ein Mensch wollte ich sein: strahlend, hell und warm.

Dann, ein Ungeheuer am gleichen Himmel, sieben Köpfe hatte es und zehn Hörner, die Sterne fegte es weg, verschlingen wollte es mich und alles, was ich gebar. Ich träumte, der Himmel sei mein Leben, darin kämpfen die Strahlende und das Ungeheuer.

Da erwachte ich und erschrak: Wer würde siegen?

An ihrem siebenundzwanzigsten Geburtstag legte Eva ein Gelübde ab: Ich will ein guter Mensch sein.

Die Taliban hatten Afghanistan besetzt. Im Bus wurde jemand mit einem Messer niedergestreckt. Im Fernsehen zeigten Menschen ihre Allerweltsabgründe. Ein paar Rapper zerrten eine Bitch auf die Toilette und erhielten einen Preis für sowas. Eva erwog kurz, an der Welt zu verzweifeln. Dann entschloss sie sich anders. Den Ungeheuern wollte sie die Welt nicht überlassen. Und beschloss, wenigstens selbst die bestmögliche Ausgabe ihres Selbst zu sein.

Dann träumte sie den Traum.

Als sie erwachte stand sie auf und kochte eine Kanne Tee. Sie musste denken. Das Radio schaltete sie erst gar nicht ein. Die Eilmeldungen auf dem Tablet ignorierte sie. Nicht mal Solitaire spielte sie, obwohl das ihr Mittagsritual war. Am Abend war sie fertig mit Denken. Folgende Ergebnisse hatte sie:

1. Jedes Wesen ist von Gott gemacht. Also auch ein Ungeheuer.
2. Jeder Mensch ist Gottes Ebenbild. Also auch die Hasserfüllten, die Ekelhaften, die Unerträglichen.
3. Daraus folgt, dass auch in ihnen ein göttlicher Funke steckt.
4. Das ist schwer zu ertragen.

Dann kam ihr noch ein Gedanke: Wenn die bösen Menschen gar nicht böse geboren sind, sondern geworden – wer sagte denn, dass das Böse nicht auch in ihr schlummerte? Vielleicht nicht so monströs und eindeutig, sondern netter verpackt. Daraus folgerte sie schweren Herzens:

    5. Das Ungeheuer tobt auch in mir.

Jetzt, dachte sie, könnte ich Hilfe gebrauchen.
Also träumte sie in der Nacht wieder einen Traum:

Im Himmel entbrannte ein Kampf: Ein Engel erhob sich, um das Ungeheuer zu besiegen. Der Engel trug ein Schwert und war sehr stark. Er gewann. Er stürzte das Ungeheuer auf die Erde. Gerettet, rief der Engel. Der Himmel ist gerettet!

Eva erwachte atemlos. Dabei hätte sie doch beruhigt sein können. Aber Eva war nicht beruhigt. Sie traute dem Sieg nicht. Wer weiß, dachte sie. Wer weiß, ob das alles ist. Diesmal kochte sie Kaffee. Sie brauchte etwas Stärkeres zum Denken. Denn was brachte es, wenn das Ungeheuer verdrängt war? Es existierte ja noch. Nur an anderem Ort. Lieber Engel, murmelte sie, tapfer gekämpft. Aber ich glaube, du hast da was übersehen. Am Mittag war Eva zu drei Schlüssen gekommen:

Fliegen lernen

1. Das Böse kann man nicht ausrotten.
2. Nicht mal in einem selbst.
3. Aber bekämpfen kann man es. (Allein schon, damit es nicht im Verborgenen sein Unwesen treibt.)

Fragt sich nur, dachte Eva, was ich für diesen Kampf brauche. Ein Engel ist ja nicht immer verfügbar.

Am Nachmittag rief Evas Mutter an. Sie mache sich Sorgen wegen der Träume. Ob es ihr auch gut gehe? »Ja«, sagte Eva und bekräftigte das mit dem Hinweis, dass sie arbeite, ihre Zähne putze und nachher ins Kino gehe. Die Mutter begrüßte das und fügte noch hinzu, im Übrigen seien Träume Schäume und man solle sie nicht so ernst nehmen. Dann käme man in Teufels Küche.

In der Nacht träumte Eva ein drittes Mal:

Als das Ungeheuer erkannte, dass es auf die Erde gestürzt war, verfolgte es die Frau, aus der so viel Gutes hervorgegangen war. Sie vermochte nicht davonzulaufen. Da wuchsen ihr Flügel. Sie erhob sich über das Böse und flog davon. Das Ungeheuer tobte und spie einen Strom Verwünschungen aus, auf dass die Frau darin ertränke. Aber die Erde kam ihr zu Hilfe und verschlang den Strom. Der Zorn des Ungeheuers war unermesslich und es schwor, Krieg zu führen gegen die Frau und alles, was aus ihr käme bis in Ewigkeit.

Als Eva zum dritten Mal erwachte, brauchte sie keinen Kaffee. Das Ungeheuer war ihr mittlerweile vertraut. Außerdem gefielen ihr die Flügel. Daraus schloss sie:

1. Man kann sich gegen das Böse erheben.
2. Verschwinden wird es trotzdem nicht.
3. Aber der Boden der Tatsachen vermag seine Ausscheidungen zu verschlingen.

Eva fand, dass sie mit Flügeln und dem Boden der Tatsachen hinreichend gut für weitere Kämpfe ausgestattet war. In dieser Nacht schlief sie tief und traumlos.

Fliegen lernen

Es erschien ein großes Zeichen am Himmel: eine Frau, mit der Sonne bekleidet, und der Mond unter ihren Füßen und auf ihrem Haupt eine Krone von zwölf Sternen.

Und sie war schwanger und schrie und hatte große Qual bei der Geburt.

Und es erschien ein anderes Zeichen am Himmel, ein großer, roter Drache, der hatte sieben Häupter und zehn Hörner und sein Schwanz fegte den dritten Teil der Sterne des Himmels hinweg und warf sie auf die Erde. Der Drache trat vor die Frau, damit er, wenn sie geboren hätte, ihr Kind fräße. Und sie gebar einen Sohn, der alle Völker weiden sollte mit eisernem Stabe. Die Frau floh in die Wüste, wo Gott ihr einen Zufluchtsort bereitet hatte.

Es entbrannte ein Kampf im Himmel: Michael und seine Engel kämpften gegen den Drachen und der Drache siegte nicht und er wurde auf die Erde geworfen.

Als der Drache sah, dass er auf die Erde geworfen war, verfolgte er die Frau, die den Knaben geboren hatte.

Und der Frau wurden Flügel gegeben, dass sie in die Wüste flöge. Das Ungeheuer stieß Wasser wie einen Strom aus seinem Rachen, damit er die Frau fortreiße.

Aber die Erde half der Frau und verschlang den Strom.

AUS OFFENBARUNG 12

»Warum warst du nicht da, als ich dich wirklich brauchte?«, rufe ich und bin wütend, richtig wütend.
»War ich«, sagt der Engel. Ich finde, er klingt trotzig. Was nützt ein Engel, wenn ich ihn nicht erkenne?
»Du solltest nicht nach einem Engel Ausschau halten, wenn du nach einem Engel Ausschau hältst.«
Ich frage ihn, wonach dann.
Er zuckt mit den Schultern. »Du könntest mich in jedem vermuten.« Er macht eine Pause, als warte er, dass sich der Gedanke in mir setzt. »Das würde alles verändern.«

Der Engel, der hinüberträgt

Am Ende kommt der Tod. Er ist verlässlich. Das schätze ich an ihm. Er vergisst niemanden. Ich sah ihn auf Sommerwiesen und in Daunenbetten. Er sammelte sie in den Pfützen der Stadt und in den Schützengräben der Zeit. Er schont sich nicht. Für niemanden ist er sich zu fein, nie ist er sich zu schade. Er macht keinen Unterschied. Er ist nicht wählerisch. Er kommt zu jedem.

Ich habe mir abgewöhnt, zu forschen nach welchem System er vorgeht. Ich weiß es nicht. Vielleicht gibt es keins. Er hat andere Kategorien. Ich auch.

Sein Diener bin ich nicht. Wir arbeiten Seite an Seite. Wenn er kommt, bin ich da. Immer. Ich fange auf, die er fällt. Wenn sie durch seine Hände gleiten, landen sie in meinem Arm.

Ich halte sie und bringe sie hinüber. Niemand soll alleine gehen. Wenn die Angst kommt, bin ich da. Jetzt muss ich los. Ich spüre es. Der Tod ruft.

Ich gehe zu einem Haus. Es ist ein Warenhaus. Davor liegt ein Mann. Er heißt Lazlo. Ich kenne ihn schon lange. Wenn sich die Glastüren öffnen, strömt Luft hinaus. Sie wärmt ihn. Es wäre nur ein Schritt, um ins Warme zu gelangen. Aber er kommt nicht hinein. Die Töpfe glänzen silbern und Puppen schauen mit starrem Lächeln auf ihn herab. Dies ist nicht seine Welt. Er hat sich in eine Decke gehüllt. Vor langer Zeit war sie einmal hellgrün. Sein Gesicht ist zerfressen. Das macht den Leuten Angst. Als könnte er sie anstecken mit seinem Leid.

Er wartet auf ihre Münzen, aber sie denken, er versäuft sie nur. Dafür ist ihnen ihr Geld zu schade. Dabei trinkt er schon lange keinen Schnaps mehr. Kaffee ist ihm lieber. Es fällt ihm schwer aufzustehen. Ein Kaffee wäre schön jetzt. Dazu ein belegtes Brötchen oder eine Zimtschnecke.

Einmal, da hat er eine Zimtschnecke bekommen, die erinnerte ihn an die großen Ferien im Landschulheim. Da haben sie Zimtschnecken bekommen, warm waren sie, frisch aus dem Ofen. Ich sah ihn als kleinen Jungen, wie er auf der Mauer balancierte. Er konnte das gut. Sein Gesicht war voll Lachen.

Fliegen lernen

Jetzt schläft er. Es ist nicht der Alkohol. Obwohl der ihm helfen würde, wenn die Schmerzen kommen. Ich schenke ihm Träume.

Ich lasse ihn in einem Festsaal sitzen. Ein Anzug trägt seinen Körper. Die Wunden sind geschlossen. Er ist ein schöner Mann, der seinen Träumen gleicht. Ich sehe ihn lächeln. Mein Herz wird warm. Der Tisch ist gedeckt. Kerzen brennen und Wein glänzt in den Gläsern.

Mitten durch den Raum geht eine Kluft. Auf der anderen Seite liegt das Nichts. Dort drüben sitzen die Menschen aus dem Inneren des Kaufhauses. Einige erkennt er wieder. Sie hatten gute Ratschläge für ihn. Dass er arbeiten solle. Dass er sich eine Bleibe suchen solle. Warum er nicht ins Heim gehe. Dass er wirklich eine Dusche bräuchte. Jetzt sitzen sie auf der anderen Seite. Er ist unerreichbar für sie. »Denk an uns«, rufen sie. »Unsere Seelen sterben vor Hunger. Wirf uns etwas hinüber!«

Wie könnte er. Nichts kommt von hier nach dort.

»Ihr hattet alles, was ihr wolltet. Ihr habt euren Krug geleert. Niemand kann ihn mehr füllen«, sage ich.

Ich kann sie nicht trösten. Ich stehe bei Lazlo.

»Warne die anderen«, rufen sie.

Ich schüttele den Kopf. Sein Leben lang war er Warnung. So darf es nicht sein, hat sein Körper geschrien. Jeden Tag haben sie ihn gesehen. Was wollen sie noch für Zeichen?

»Es steht alles aufgeschrieben.« Ich rufe ihnen die Worte zu: »Gebt dem Hungrigen zu essen. Gebt dem Obdachlosen ein Haus. Wen du nackt siehst, dem gib deinen Mantel. Verschließ deine Augen nicht.«

Es hat zu regnen begonnen. Die Temperatur ist nah an den Nullpunkt gefallen. Bald wird es frieren.

Er wacht auf. Ich lege meine Hand auf seine Stirn. Sie ist heiß. Vorsichtig hebe ich ihn hoch. Ich bette ihn in meinen Armen. »Komm«, flüstere ich in sein Ohr. »Das Leben beginnt, mein Lieber.«

Seine Augen leuchten.

Und dann sind wir fort.

Es war ein reicher Mann, der lebte alle Tage herrlich und in Freuden. Ein armer Mann mit Namen Lazarus lag vor seiner Tür. Er war voll von Geschwüren und er bettelte um alles, was von des Reichen Tisch fiel. Doch es kamen nur die Hunde und leckten an seinen Geschwüren. Als der Arme starb, wurde er von den Engeln in Abrahams Schoß getragen. Der Reiche starb auch und wurde begraben. Als er sich in der Hölle wiederfand, blickte er in seiner Qual auf und sah Abraham von ferne und Lazarus in seinem Schoß.

Da rief er: »Vater Abraham, erbarme dich meiner und sende Lazarus, damit er die Spitze seines Fingers ins Wasser tauche und meine Zunge kühle.«

Aber Abraham sagte: »Mein Kind, erinnere dich! Du hast in deinem Leben alles gehabt, Lazarus hatte nichts. Jetzt wird er hier getröstet und du leidest. Außerdem liegt zwischen uns und euch eine große Kluft. Niemand kann von der einen zur anderen Seite kommen, selbst wenn er es wollte.«

AUS LUKAS 16

Der Engel, der an der Tür klingelt

Es ist der Tag, an dem der Schnee kommt. In sanften Flocken fällt er auf die parkenden Autos und auf die Markise des Tabakladens. Ludger Kleinholz steht am Fenster und erlaubt sich einen wohligen Seufzer. Er mag den Schnee. Schnee macht so wenig Aufhebens. Vom Prasseln des Regens wird Ludger nervös. Aber der Schnee fällt lautlos und deckt freundlich alles zu.

Ludger geht in die Küche, um sich einen Tee zu kochen. Er lebt seit achtundvierzig Jahren in dieser Wohnung. Seit Mama im Heim ist, kommt sie ihm leer vor.

Fliegen lernen

Morgens fährt Ludger ins Büro. Abends isst er ein Mettwurstbrot. Dann schaut er die Nachrichten und geht ins Bett. Das ist Ludger Kleinholz' Leben. Vor einem halben Jahr hatte er darüber nachgedacht, sich ein Meerschweinchen zu kaufen. Dann hat er sich doch nicht getraut. Wer weiß, dachte er, was für Ansprüche so ein Meerschweinchen hat ...

Ludger will gerade den Teebeutel aus der Tasse nehmen, als es klingelt. Er erwartet niemanden. Hilflos legt er den Beutel auf den Tisch und ärgert sich wegen der Flecken.

Dann öffnet er die Tür. Frau Riebling aus dem zweiten Stock steht da, zusammen mit ihrer kleinen Tochter. Ludger meint, sich zu erinnern, dass sie Marie heißt.

»Gut, dass Sie da sind!«, sprudelt es aus Frau Riebling heraus.

Das ist kein Satz, den Ludger oft hört. »Ich habe Urlaub«, stammelt er.

»Können Sie auf Marie aufpassen? Es ist auch nur für zwei Stunden.«

»Was?« Ludger überlegt, ob er sich verhört hat. »Ich soll Marie ...?«

»Ich muss nochmal zur Arbeit«, erklärt Frau Riebling. »Ein Notfall. Da kann ich Marie nicht mitnehmen. Sie ist auch ganz brav, nicht Marie?«

Ludger weiß nicht, was er sagen soll. In seiner Wohnung war noch nie ein Kind.

Er guckt Marie an. Marie guckt zurück.

»Aber ich kann nicht. Ich habe noch nie ...«

»Bitte.«

Ludger zögert. »Kann sie denn schon sprechen?«

»Ja, klar!«, ruft Marie. Es klingt empört. Immerhin ist sie im Sommer Fünf geworden. Die meisten Fünfjährigen können sprechen.

»Also gut«, sagt Ludger, »komm rein.«

Marie geht schnurstracks ins Wohnzimmer. Sie sieht sich um. »Hast du keinen Adventskranz?« Ludger schüttelt den Kopf. Daran hatte er nicht gedacht.

»Und Sterne hast du auch keine am Fenster. *Wir* haben Sterne!« Ludger zuckt hilflos mit den Schultern. Um so etwas hatte sich immer Mama gekümmert.

Marie setzt sich in Mamas Sessel. »Nicht dahin«, will Ludger sagen, aber dann lässt er es, weil er auch nicht weiß, wohin man eine Fünfjährige setzt.

Marie packt einen Block und Stifte aus. Ludger entspannt sich.

»Was malst du?«

»Ich mache meinen Wunschzettel!« Und dann malt sie etwas, das aussieht wie ein Ei mit Ohren. »Du musst auch einen malen.«

»Ich?«

Marie nickt. Ludger schüttelt den Kopf.

»Wieso nicht?«

Er erklärt, dass Erwachsene keine Wünsche haben.

»Keine Wünsche?« Marie sieht ihn mit großen Augen an. Sie hat noch nie darüber nachgedacht, dass es Menschen geben könnte, die keine Wünsche haben. Irgendwas gibt es doch immer!

Fliegen lernen

»Ich kann mir selber kaufen, was ich will.«

»Aber dann ist es doch keine Überraschung! Hier«, sagt Marie und reißt ein Blatt von ihrem Block ab. »Du darfst auch meine Stifte nehmen.«

Es ist ganz still. Nur der Schnee fällt vorm Fenster. Ludger schaut auf das leere Blatt. Er spürt auf einmal ein merkwürdiges Ziehen im Bauch. Ob er krank wird?

Marie guckt hoch. »Du hast ja noch gar nichts gemalt!« Sie gibt ihm einen roten Stift. Ludger nimmt die Kappe ab. Was soll ich schreiben?, denkt er. Was wünsche ich mir?

Dann fängt er einfach an:

Ich wünsche mir einen Freund, der mit mir angeln geht.
Dass die Uhr in der Küche wieder funktioniert.
Vielleicht ein Meerschweinchen.
Eine Tageszeitung (aber ich weiß nicht, welche)
Dass Mama noch den nächsten Sommer erlebt.

Er legt den Stift auf den Tisch. Eine Träne läuft über seine Wange. Schnell wischt er sie weg. So was Albernes!

Als Maries Mutter die Kleine abholt, geht alles ganz schnell. »Darf ich deinen Wunschzettel haben?«, fragt Marie. Ludger nickt zerstreut, weil er überlegt, ob er alles richtiggemacht hat. Aber Marie winkt fröhlich, also scheint ihr nichts zu fehlen.

Der nächste Morgen ist ein Samstag. Gegen elf Uhr klingelt es wieder. Ludger wundert sich. So oft hat es schon lange nicht mehr geklingelt. Vor seiner Tür steht ein Mann. »Hallo«, sagt er. »Ich wollte mir mal die Uhr anschauen …«

»Was?« Ludger überlegt, ob der Mann eine Art Engel ist, aber er hat ihn schon mal gesehen. Er wohnt unten links. Engel wohnen nicht im Erdgeschoss.

Ludger bitten ihn rein, und weil ihm einfällt, dass Mama das auch immer so gemacht hat, bietet er ihm einen Tee an. Der Mann heißt Frerk.

»Aber woher wissen Sie von meiner Uhr?«, fragt Ludger.

»Na, von dem Wunschzettel.« Frerk guckt ihn erstaunt an. »Unten, bei den Briefkästen. Super Idee!«

Ludger läuft die Treppen runter. Tatsächlich – da hängt sein Wunschzettel. Sichtbar für jeden. Er wird rot. Wie peinlich, denkt er. Er will ihn abreißen, aber da hüpft Marie die Treppe runter. Sie trägt dicke Handschuhe und eine Bommelmütze.

»Wieso hast du das hier aufgehängt?«, fragt er sie. Es klingt ein bisschen ärgerlich.

Marie bleibt überrascht stehen. »Irgendwer muss doch wissen, was du dir wünschst!«

»Warum?«

Marie guckt ihn an, als zweifle sie an seiner Schlauheit.

»Na, damit deine Wünsche in Erfüllung gehen können!«

Dann öffnet sie die Tür und läuft raus in den Schnee.

Ludger schaut ihr hinterher. Sein Herz wird warm.

Plötzlich ist Weihnachten. Ludger hat in Mamas Kisten ein paar Sterne gefunden. Die hat er ins Fenster gehangen. Am Morgen des 24. erkundigt sich Maries Mutter, wie es seiner Mutter geht und dann gibt sie ihm ein Tütchen mit Keksen. »Selbstgebacken«, sagt sie. »Bringen Sie ihr die. Frohe Weihnachten!«

Es hat aufgehört zu schneien. Der Morgen ist klar und frostig. Nach Neujahr wird Frerk fragen, ob sie Eisangeln gehen wollen.

Aber das weiß Ludger jetzt natürlich noch nicht.

Es wird eine echte Überraschung sein.

Hört nicht auf, einander wie Geschwister zu lieben.
Vergesst die Gastfreundschaft nicht, denn auf
diese Weise haben einige, ohne es zu wissen,
Engel beherbergt.

AUS HEBRÄER 13

Auf dem Weg zum Bus merke ich es. Es ist etwas im Gange. Die Tulpen nicken mir zu. Es geht kein Wind, nur mein Mantel fliegt, während ich eile. Der Engel stellt mir ein Bein. Ich fliege auf die Nase. Hej, rufe ich, das ist nicht nett! Ich bin heil geblieben, bis auf mein Selbstbewusstsein, das ist ein bisschen angeknackst. Jetzt sollte ich mich aufrappeln. Den Staub von den Knien wischen. So tun, als sei nichts gewesen. Aber ich bleibe liegen. Ein Marienkäfer schaut mich neugierig an. Aus dieser Perspektive habe ich die Welt schon lange nicht mehr betrachtet. Das Gras ist weich. Es duftet nach Klee. Ich drehe mich auf den Rücken und sehe Himmel.

Gott der Engel

Aschermittwoch ist der Tag, an dem Gott vor der Tür steht. Es überrascht mich nicht mehr, weil das jedes Jahr so ist. Draußen liegt Schneematsch, ein paar zerrupfte Luftschlangen kräuseln sich am Bordstein, und das Treppenhaus riecht nach abgestandenem Prosecco.

Ich sage: »Komm rein«, und Gott klopft die Schuhe ab, damit kein Matsch auf die Dielen fällt. Das finde ich sehr umsichtig. Wir gehen ins Wohnzimmer und setzen uns. Die ersten Male schlug ich vor, Kaffee zu kochen. Ich war aufgeregt und irgendwie wollte ich auch nicht mit leeren Händen dastehen. Aber Gott lächelte nur und schüttelte den Kopf. Gott wollte nichts. Das wunderte mich.

Als Kind lernte ich, dass Gott immer etwas will. Liebe oder Gehorsam. Ein reines Herz. Seine Gebote sollte man befolgen, obwohl man dabei sowieso nur scheitern konnte. Denn natürlich begehrte ich etwas. Zum Beispiel die Puppe meiner besten Freundin, die sprechen konnte, wenn man auf ihren Bauch drückte. Später habe ich mich nach Lars verzehrt, er knutschte mit dem Mädchen aus der Parallelklasse. Ich hätte fast alles dafür getan, an ihrer Stelle zu sein. Aber das hätte Gott sowieso nicht gefallen. Knutschen war nicht in Gottes Sinne. Gott will, dass man sich aufspart, hatte ich gehört. Später wollte Gott, dass ich die Welt rette, fair gehandelten Kaffee trinke, gegen Atomkraft demonstriere, eine Familie gründe und einen Obdachlosen aufnehme. Manchmal hätte ich am liebsten geschrien: »Mein Gott, reicht es jetzt mal?«

Es reichte nie. Ich bin klein, mein Herz ist rein. Ich schaffte es ja noch nicht mal, meinen Pullover nicht zu bekleckern. Gott, lernte ich, ist unersättlich. Gott schläft nicht. Gott sieht alles. Gott kennt meine verborgensten Gedanken. Ich war Gott ausgeliefert und die einzige Möglichkeit, seine Liebe zu ergattern, war zu tun, was er wollte. Wenn ich ehrlich war, mochte ich Gott nicht. Wie kann man auch jemanden mögen, der einen kontrolliert?

Dann kam der Tag, an dem er zum ersten Mal vor der Tür stand. Als ich ihm öffnete, erstarrte ich. Jetzt hat er

Fliegen lernen

mich, dachte ich. Jetzt gibt es kein Entkommen. Ängstlich ließ ich ihn ein.

Er war anders, völlig anders. Nicht aufdringlich. Ein vorsichtiger Besucher, fast scheu. Er sah sich um, in meiner Wohnung und in meinem Leben, auf eine interessierte und zurückhaltende Weise. Ich weiß nicht, warum er kam. Ich weiß nicht, warum er plötzlich an diesem Tag vor meiner Tür stand. Ich hatte ihn nicht gebeten. Viele Male zuvor hatte ich ihn gerufen, hatte ihn angefleht, sich zu zeigen. Dieses Mal nicht. Mein Leben hatte sich gerade in Mittellage eingependelt. Ich brauchte keinen Retter.

Wir setzten uns, und er holte einen Spiegel hervor. Nichts Besonderes, einen ganz gewöhnlichen Taschenspiegel, vielleicht ein bisschen größer. Er stellte ihn so auf den Tisch, dass ich darin mein Gesicht sah. Mein Gesicht gucke ich täglich etwa einhundert Mal an, im Vorübergehen in einem Schaufenster, wenn ich das Haar zum Pferdeschwanz binde oder versuche, ein einigermaßen passables Selfie zu machen. Ich prüfe, ob ich Spinat zwischen den Zähnen habe oder einen Pickel auf der Stirn.

Das hier war anders. Ich tat nichts. Ich bemühte mich nicht, gut auszusehen, ich glaube, ich lächelte nicht einmal. Ich sah die Sommersprossen, ausgeblichen vom Winter, und den Mund, der sich mit den Jahren ein paar Falten zugelegt hat. Ich sah die Narbe am Kinn von dem Fahrradsturz auf dem Schulweg. Über dreißig Jahre ist das jetzt her. Und plötzlich sah ich noch mehr. Andere Sachen: Ich sah die Angst, die mich seit ein, zwei Jahren begleitet. Sie ist nicht groß, aber sie ist treu. Sie flüstert mir ein, was alles passieren könnte, wenn ich nicht aufpasse. Ich sah die Sehnsucht, mal wieder verliebt zu sein. Kein Mann stand dahinter, allein das Gefühl. Ich sah die Hilflosigkeit, nicht zu wissen, wie ich mit einem todkranken Freund umgehen kann. Ich sah den Wunsch nach Versöhnung, ganz allgemein. Dauernd gibt es etwas zu kritisieren und das macht so müde. Ich sah ein paar geheime, hässliche Gedanken. Überrascht sah ich auch Wünsche, von denen ich gar nicht wusste, dass sie noch da sind. Offenbar haben sie still und geduldig in der Ecke gestanden und gewartet. Ich sah mich ungeschminkt.

Ich weiß nicht, wieviel Zeit verging, während wir dort saßen. Trotz all der Dinge, die sich im Spiegel zeigten, fühlte ich mich aufgehoben. Vielleicht war es sein Blick, der so ruhig und wohlwollend war. Es lag kein Vorwurf darin, keine Missbilligung, auch keine Forderung. Plötzlich dachte ich: Kann es sein, dass es das ist, was er will? Mein Wohl? Das und nichts anderes? Ich mochte es, wie wir beide mich ansahen. Es fühlte sich warm an, wirklich warm.

Später ging er. Er sagte noch ein paar Worte über das Wetter, das ihm zu schaffen machte. Wegen der Eisbären, weil ihnen das Eis fehlt und das Futter. Ich nickte und murmelte, dass ich es mir schön vorstelle, einmal ihr Fell zu kraulen. Ich hätte ihm gern geholfen mit den Eisbären. Er strich mir über die Stirn, so, als wolle er sagen: Ist schon gut.

Ich sah ihm nach, als er die Treppe hinunterstieg. Ich hätte ihn gern festgehalten, ihn und diesen Moment.

Er kam wieder. Jedes Jahr am Aschermittwoch, mit einem Spiegel.

Die Bibelstellen wurden von der Autorin frei übertragen unter Verwendung folgender Bibel-Ausgaben:
- *Die Bibel in der Übersetzung Martin Luthers (1984), Deutsche Bibelgesellschaft, Stuttgart.*
- *Elberfelder Bibel (1991), R. Brockhaus/Christliche Verlagsgesellschaft Wuppertal/Dillenburg.*
- *Ulrike Bail, Frank Crüsemann, Marlene Crüsemann, Erhard Domay, Jürgen Ebach, Claudia Janssen, Hanne Köhler, Helga Kuhlmann, Martin Leutzsch, Luise Schottroff (Hrsg.): Bibel in gerechter Sprache, Gütersloher Verlagshaus, Gütersloh 2006.*
- *»Hoffnung für alle« (1983/2002), fontis – Brunnen, Basel.*

Bibliografische Information der Deutschen Nationalbibliothek:
Die Deutsche Nationalbibliothek verzeichnet diese Publikation in
der Deutschen Nationalbibliografie; detaillierte bibliografische
Daten sind im Internet über http://dnb.d-nb.de abrufbar.

4. Auflage 2024
© 2018 by edition chrismon in der Evangelischen Verlagsanstalt
GmbH · Leipzig
Printed in EU

Das Werk einschließlich aller seiner Teile ist urheberrechtlich
geschützt. Jede Verwertung außerhalb der Grenzen des Urheberrechtsgesetzes ist ohne Zustimmung des Verlags unzulässig und
strafbar. Das gilt insbesondere für Vervielfältigungen, Übersetzungen, Mikroverfilmungen und die Einspeicherung und
Verarbeitung in elektronischen Systemen.

Das Buch wurde auf alterungsbeständigem Papier gedruckt.

Illustrationen: Ariane Camus
Cover: Hansisches Druck- und Verlagshaus GmbH,
Frankfurt/Main – Ellina Hartlaub
Satz: Formenorm · Friederike Arndt, Leipzig
Druck und Bindung: GRASPO CZ a. s., Zlín

ISBN 978-3-96038-155-6
www.eva-leipzig.de

96 Seiten | 18 x 16 cm |
Klappenbroschur
zahlr. farbige Abbildungen |
mit Samenpapier

ISBN 978-3-96038-383-3
15,00 EUR (D)
Bestellnr. 238383

Alles kribbelt, duftet und zwitschert ...
Es ist Frühling!

Alexander Brandl (Hrsg.)

HOFFNUNGSSCHIMMERN
Geschichten und Gebete
mit guten Aussichten

Wenn wir die Trägheit des Winters abschütteln, wenn alles zu neuem Blühen, Wachsen und Grünen erwacht, dann zieht es alle raus. Die ersten Sonnenstrahlen auf dem Balkon erhaschen, das Summen und Brummen im Park oder Garten genießen. Dieses Buch fängt den Frühling ein und erzählt vom Wachsen und Werden. Von dem, was vor Augen ist, und von dem, was noch kommen kann. Vom Hoffen und vom Staunen über das Auferstehen von längst Totgeglaubtem.

Ein luftig-leichtes Lesevergnügen mit Tiefgang!

BESTELLEN SIE JETZT
www.chrismonshop.de
oder bei Ihrem Buchhändler

edition chrismon

EIN LESEBUCH FÜR ALLE LEBENSFRAGEN

Susanne Niemeyer | Matthias Lemme

BROT UND LIEBE
WIE MAN GOTT
NACH HAUSE HOLT

Mit diesem Buch kann man Gott nach Hause holen, mitten hinein in den Alltagstrubel, hinein in die Familie. Susanne Niemeyer und Matthias Lemme schreiben was sie selber glauben: lebensnah und echt. Zusammen mit ausgewählten Texter aus der christlichen Tradition, Bibelversen und neuen Gebeten ergeben sich neue Perspektiven für alle Lebensthemen: für Liebe und Freundschaft, Familie, Schule und Beruf, Einsamkeit, Krankheit, Sterben oder Hoffnung und Freude.

216 Seiten | 15,5 x 23 cm | Hardcover | zahlr. Illustrationen von Ariane Camus

ISBN 978-3-96038-304-8
22,00 EUR (D)
Bestellnr. 238304

BESTELLEN SIE JETZT
www.chrismonshop.de
oder bei Ihrem Buchhändler

edition chrismon

120 Seiten | 18 x 16 cm |
Klappenbroschur
zahlr. farbige Abbildungen |
6 Postkarten

ISBN 978-3-96038-299-7
14,00 EUR (D)
Bestellnr. 238299

Gott wohnt
im Zimmer nebenan

Susanne Niemeyer

LICHTBLICK
Texte für mittelgute Tage

Es gibt Tage, da ist nicht alles gut. Da braucht man gute Nerven,
guten Beistand oder einfach mal einen Lichtblick. Zum Beispiel, indem
man dieses Buch zur Hand nimmt. Die Geschichten und Mutmachtexte
lassen erahnen: Eigentlich wohnt Gott direkt im Zimmer nebenan.
Nur manchmal finden wir die Tür einfach nicht. Zum Glück gibt es
immer wieder Momente, in denen es hell durch den Türspalt scheint –
ein Lichtblick! Ein wunderbares Mutmachbuch für Tage, an denen man
nicht so tun will, als ob das Leben ein Kinderspiel ist.

edition ∗ chrismon

BESTELLEN SIE JETZT
www.chrismonshop.de
oder bei Ihrem Buchhändler

Weihnachten ist, wenn Sehnsucht besonders hell leuchtet ...

Susanne Niemeyer

ZUR HALBEN NACHT
Eine Weihnachtserzählung

Als Alice die Anzeige liest, ist alles klar: »Mitreisende gesucht.« Für ein Abenteuer mit offenem Ausgang. Eine Woche vor Heiligabend packt sie ihren Rucksack und bricht auf. Mit drei sonderbar sympathischen Typen, die sich Könige nennen. Ein Roadtrip durch die norddeutsche Winterlandschaft beginnt. Unterwegs begegnen sie anderen, die auch auf der Suche sind, nach einem Weihnachtsfest, das unter die Haut geht. Eine Busfahrerin, ein Optiker und Jockel, der mit seinen zweiundachtzig Jahren immer noch am liebsten hinter dem Tresen seiner Kneipe stehen würde. Eine Krähe kommt zu Wort und auch ein Wolf will manchmal nur kuscheln. Sie alle glauben an eine Welt, in der es Rettung gibt. Man muss sie nur suchen.

96 Seiten | 11 x 18 cm | Hardcover

ISBN 978-3-96038-365-9
15,00 EUR (D)
Bestellnr. 238365

BESTELLEN SIE JETZT
www.chrismonshop.de
oder bei Ihrem Buchhändler

edition ✽ chrismon